国家社会科学基金2016年度教育学青年课[illegible]国高校一流学科建设的财政支撑体系研究”（CFA160175）

我国一流学科建设与财政支持

罗建平　著

中国财经出版传媒集团
中国财政经济出版社

图书在版编目（CIP）数据

我国一流学科建设与财政支持／罗建平著.—北京：中国财政经济出版社，2021.11

ISBN 978-7-5223-0983-5

Ⅰ.①我… Ⅱ.①罗… Ⅲ.①高等学校-学科建设-财政政策-研究-中国 Ⅳ.①G642.3

中国版本图书馆 CIP 数据核字（2021）第 241748 号

责任编辑：张怡然　　责任印制：张　健

封面设计：黄　健　　版式设计：楠竹文化

我国一流学科建设与财政支持

WOGUO YILIU XUEKE JIANSHE YU CAIZHENG ZHICHI

中国财政经济出版社 出版

URL：http：//www.cfeph.cn

E-mail：cfeph@cfeph.cn

社址：北京市海淀区阜成路甲 28 号　邮政编码：100142

营销中心电话：010-88191522

天猫网店：中国财政经济出版社旗舰店

网址：https：//zgczjjcbs.tmall.com

北京财经印刷厂印刷　各地新华书店经销

成品尺寸：170mm×240mm　16 开　15 印张　210 000 字

2021 年 11 月第 1 版　2021 年 11 月北京第 1 次印刷

定价：62.00 元

ISBN 978-7-5223-0983-5

（图书出现印装问题，本社负责调换，电话：010-88190548）

本社质量投诉电话：010-88190744

打击盗版举报热线：010-88191661　QQ：2242791300

前　言

统筹推进中国高等教育“双一流”（世界一流大学和世界一流学科）建设，实施“双一流”建设，是党中央面向实现“两个一百年”宏伟目标作出的重大战略决策，是中华民族伟大复兴的一项基础工程。面对百年未有之大变局，深入推进“双一流”建设意义重大。而在“两个一流”的关系中，一流学科是一流大学的“加速器”。综观世界一流大学的发展历程，一流大学均具备学科综合集群的资源优势，以此来协调发展基础与应用学科、人文社科与理工农医科，促进不同学科间的相互渗透、交叉融合，构筑良好的学科生态。例如，哈佛大学、牛津大学等世界顶尖大学，都是通过率先建设一流学科而闻名于世的。凭借鲜明特色，打造享誉全球的学科品牌，是不少大学学科走向世界一流的重要战略。

加快一流学科的建设是中国建设教育强国的长期任务，从世界历史来看，世界一流学科的建设和发展普遍与民族振兴和国家发展密切联系在一起。综观近代世界，没有任何一个大国在高等教育落后的情况下，真正成为全面领先的世界强国。在知识经济时代，文化的核心是教育和科技。现代社会最集中地承担科技、教育和文化创新职责的是大学，最集中地体现一流科技、教育和文化创新的就是一流学科。因此可以说，只有建设世界一流学科，才能真正实现民族复兴。同时，加快一流学科的建设也是加快中国教育现代化的关键举措。当前，加快一流学科建设，必须与教育现代化瞄准国家现代化的进程完全同向合拍，在推进教育思想、教育制度、教育质量、教育方法现代化等方面率先锐意创新。从“国内顶尖水平的国家重点学科”到“推动学科进入世界一流行列或前列”，可以明显看出这是国家为推进学科质量提升而提出的战略考量。从“重点学科”到“一流学科”，不仅是时代的召唤，更重要的是体现了学科内涵变化和价值积累。从学科内涵来看，“普通学科”成长为“一流学科”是一个复杂的过程，每一次演化和变迁，都是在不断推进知识的有序累积、提升创新以及有效应用知识的能力。从学科价值积累来看，一流学科在原国家重点学科的基础上实现层级递进及质量跃升，这也是一流学科能够冲出“国际线”和冲顶世界一流水平的根本原因。因此，一流学科的建设要注重质量建设，并沿着多个维度来展开。其中，教育资源配置是一流学科可持续发展的基本保障，也是提升一流学科影响力和贡献度的关键。本书便是从一流学科建设的现状出发，通过探讨与分析一流学科建设的特征和成效，来构建一流学科建设的资源配置方式及拨款模式，以期世界一流学科能在不断的提升调整与评价改革中走出一条“中国范式”的建设之路。

一、一流学科建设的结果

第一，“双视角”审视一流学科的成长逻辑。研究表明，一流学科范式转换和规训方式转变是分别从生态学和制度学视角分析一流学科成长的双重逻辑。从生态进化视角来看，一流学科成长逻辑是生态系统平衡与失衡的博弈、学科从简单到复杂的进化、学科自组织和环境嵌入的共生。从制度优化的视角来看，一流学科成长逻辑是知识与权力的协同、学科分化与融合的互动和学科制度化与去制度化的重构。

第二，一流学科的学科属性和区域布局呈明显分类现象。在“双一流”建设中，不同学科类属、学科门类和学科之间在入选次数和入选概率上均存在一定的差距。“双一流”建设中呈现的学科分层分类现象将会对我国一定时期高校的学科调整和学科财政支持产生较大的影响。

第三，一流学科建设成效显著。一是拥有一流学科的高校获得了更多的资金投入。二是拥有一流学科的高校更易吸引和汇聚杰出人才。三是培养了大批高质量人才。四是为我国科技进步与发展做出重要贡献。五是部分一流学科跻身世界一流学科和知名学科。

第四，一流学科财政拨款引入多参数。参考国内外对高校的拨款模式以及学科建设的特点，综合考虑高校学科建设基础、学科类别及发展水平等，给予相应支持。本书构建了“学科拨款＝学科经常性拨款＋项目拨款＝质量拨款＋潜力拨款＋绩效拨款＋项目拨款”的学科拨款模式，其中“质量＋潜力＋绩效”体系体现经常性拨款的指标，体现学科的积淀与成长，体现在公平竞争中扶优扶强扶特。

二、一流学科建设的对策

第一，根据目前高校和学科的建设现状，采取不同的学科发展策略。一是对距世界一流仅有一步之遥的大学，要利用学科综合集群的优势，夯实基础学科，做强应用学科与交叉学科。重点扶持实力雄厚的学科协同发展，共荣共生，以大而强冲刺一流。二是对实力较强的大学，要统筹兼顾各学科协调发展，注重凝练学科发展方向，精挑细选一批重点学科，集中配置资源，使其优先进入一流水平。三是对特色非常明显的大学，要不断突破创新，积极寻求与社会经济的结合点，从跨学科角度寻求新的特色学科增长点。

第二，统筹教育经费的收入与支出，提高资源配置。一流大学的学科建设和一流学科建设大学的发展都离不开雄厚资金的支撑，这也是其持续发展的重要保障。据 2020 年公布的数据显示，我国大部分“双一流”建设大学虽决算收入高于预算收入，但是还有约 40% 的大学年度决算支出超过年度收入，同时很多“双一流”建设大学的年度支出仍呈两位数乃至更多的增长，这说明一流高校虽手握“重金”，但也并非“衣食无忧”。因此，一流大学要提高学校的资金筹措能力、增加收入来源渠道，扩大“钱袋子”，建立“多元化投入机制”。目前因我国的现行教育体制，虽不能像西方发达国家一样，主要依靠基金投资收益或捐赠收入，但可采用弹性捐赠配比、建立校友关系和基金会等方式，逐步获取办学资金。

第三，多种拨款模式相结合，完善评价指标体系。随着学科发展的日趋精细化，高校一流学科建设的拨款模式改革应当从拨款指标的改革入手，转变单一的指标参数，逐渐发展为多种参数支撑的学科拨款指标体系。这种多元化的拨款指标参数相比单参数的拨款方式，不仅兼顾公平与效率的原则，还有着较强的操作性，无疑是一流学科建设财政拨款方式改革的重点方向。

第四，从一流学科建设向一流学科群建设转变。当今世界，学科前沿的重大突破和重大创新成果，大多是多学科交叉、融合和汇聚的结果。“双一流”建设背景下的创新型和复合型人才培养，也迫切需要实施跨学科教育。此外，从一流学科建设的需要来看，学科群建设是必由之路，因为单靠一两个学科领域的单兵作战是很难建设一流学科的，必须进一步提升对学科群建设意义和价值的认识，并在学科建设思路上加快实现从一流学科建设向一流学科群建设转变，尤其是要通过深入探索并构建科学有效的学科群建设与管理机制，着力破除学科之间的观念壁垒、组织壁垒和制度壁垒，促进学科资源的整合与优化，营造交叉融合、协同创新的学科生态，产出一批有影响力的跨学科研究成果，提升跨学科人才培养的能力和水平，推动学科群建设整体水平的提升，并有效引领带动其他学科发展和学校综合实力的提升。

第五，从关注一流学科的“量化指标”向“非量化指标”转变。一流学科的发展是具有周期性的，不能“一蹴而就”甚至是“拔苗助长”，要从政策的梳理中找准突破口，从自身的文化传承和创新中寻求发展脉络。随着学科精细化的发展，一方面，学科评价须从可量化的指标分析转移到体现精神积淀的文化传承上。2021年，三部委联合印发了《“双一流”建设成效评价办法（试行）》将学科建设成效评价引入“增值”和“分类”评价，同时明确提出“破五唯”的要求，为学科建设的多元多维评价指明了方向。特别是在我国学科属性差异明显的情况下，一流学科的建设成效不仅要考虑显性的评价指标，更要注重隐性指标，这就是学科文化。纵观世界一流学科的发展，其成长和壮大都与其所在高校的学科文化传统密不可分，在时间发展的长河中，学科文化的积淀和创新必将成为一所大学最坚不可摧的一部分。另一方面，随着互联网、大数据等技术的不断革新，学科的发展需要结合时代的特点进行创新，通过“学科+”新模式，创新供需对接方式，将当前高科技与学科理论、实践深度结合，以加速培育经济发展新动能，如从一流学科入选频次最高的学科来看，材料科学与工程无疑会成为新能源、人工智能领域的“宠儿”。以文化育学科成长，以创新促学科发展，这不仅有利于凝聚学科精神内核，亦有利于提高学科的内涵质量。

目　录

第一章　一流学科建设的内在机理 …………………………… 1

第一节　一流学科的内涵 ……………………………………… 3

第二节　一流学科与一流大学的内在联系 ………………… 9

第三节　一流学科与一流大学建设的原则 ………………… 13

第四节　一流学科与一流大学建设的政策变迁 …………… 16

第五节　世界一流学科的成长逻辑 ………………………… 31

第二章　一流学科建设的现状分析 …………………………… 45

第一节　一流大学建设学科的现状分析 …………………… 47

第二节　“双一流”建设学科的现状分析 ………………… 50

第三节　“双一流”建设的经费分析 ……………………… 59

第四节　“双一流”建设经费投入的思考 ………………… 66

第五节　“双一流”建设方案的状况分析 ………………… 69

第三章　高等教育财政拨款制度的国际比较 ………………… 83

第一节　美国高等教育的拨款制度 ………………………… 85

第二节　英国高等教育的拨款制度 ………………………… 102

第三节　日本高等教育的拨款制度 ………………………… 122

第四节　美、英、日三国高等教育财政拨款特征 ………… 135

第五节　美、英、日三国高等教育的“卓越计划” ……………… 141

第四章　一流学科建设的财政支撑体系分析 …………………… 153

第一节　一流学科建设发展轨迹 …………………………………… 155

第二节　一流学科建设成效分析 …………………………………… 171

第三节　我国高等教育的财政拨款制度 …………………………… 187

第四节　构建一流学科财政拨款模式 ……………………………… 201

第五章　一流学科建设的政策建议 ………………………………… 211

第一节　一流学科建设与高校资源配置 …………………………… 213

第二节　一流学科建设与发展逻辑 ………………………………… 220

第三节　一流学科建设与高校质量发展 …………………………… 224

第一章

一流学科建设的内在机理

自2015年8月中央全面深化改革领导小组会议审议通过《统筹推进世界一流大学和一流学科建设总体方案》，到2017年9月教育部、财政部、国家发展和改革委员会联合发布《关于公布世界一流大学和一流学科建设高校及建设学科名单的通知》，历时2年，“世界一流大学和一流学科”建设（简称“双一流”建设）政策终于落地，这份名单使137所高校走进建设世界一流大学和一流学科行列。“双一流”建设是党中央、国务院继“211”工程和“985”工程之后，为提升高等教育水平的又一重要举措，是实现人力资源强国的重大战略部署，事关国家核心竞争力的增强和现代化的实现。

第一节　一流学科的内涵

一、何为学科

按照伯顿·克拉克的观点，学科有两种解释，一是“发现、保存、提炼、传授和应用的知识体系”，二是“同类科学家联结形成的专门化的组织方式”。① 国内有学者将其总结为知识形态和组织形态。② 其中知识形态的学科，一是指按照一定的规则划分的系列科学或者知识领域；二是指教学的科目，即学校教学内容的基本单位。而

① 伯顿·R. 克拉克. 高等教育系统——学术组织的跨国研究［M］. 王承绪，等，译. 杭州：杭州大学出版社，1994：33-35.

② 陆军，等. 关于学科、学科建设等相关概念的讨论［J］. 清华大学教育研究，2004（6）：12-15.

组织形态的学科则指向实体化的组织体系，包含学者、知识、学术资料等。无论是学科的知识形态还是组织形态，学科都是一个相对动态的概念。从知识形态来讲，学科发展过程也是“对同类问题展开专门研究，从而实现知识的新旧更替、系统化与再系统化”① 的过程；而从组织形态来讲，学科发展也是同类科学家联结，在专门化的组织系统内部不断推进知识谱系更新与科学研究进步的过程。没有知识的传承、科研的进步、人才的培养，学科发展就会停滞。学科既是一套系统有序的知识体系，也是一套体现社会建构的学术制度。在高校场域内，学科是大学进行人才培养、科学研究、社会服务、文化传承创新的基本功能载体和工作单元②。因此，学科要承担起大学科研、教学、社会服务等多项职能。学科建设不是简单地追求科研成果，追逐“学术 GDP”，也不能“用专业人才培养与课程知识体系代替学科建设”③，更不能将学科建设完全纳入学校行政管理的范畴，导致学科建设的行政化、形式化或商业化④。因此，大学里的学科是多功能基本单位，既是科研的单位，也是教学的单位。

二、何为一流学科

晋葛洪的《抱朴子·穷达》：“或问一流之才而或穷或达，其故

① 刘仲林．现代交叉科学［M］．杭州：浙江教育出版社，1998：19.

② 郑文涛．“双一流”背景下的高校交叉学科建设研究［J］．首都师范大学学报（社会科学版），2018（1）：160－166.

③ 康翠萍．高校学科建设的三种形态及其政策建构［J］．高等教育研究，2015（11）：37－41.

④ 李峻，张珍．“双一流”建设背景下学科建设的行动逻辑与可能路径［J］．江苏高教，2018（7）：9－13.

何也?”南朝宋刘义庆《世说新语·容止》:“刘尹道桓公鬓如反蝟皮，眉如紫石棱，自是孙仲谋、司马宣王一流人。”从语义上来看，“一流”通常用来形容事物的等级和类别，指第一等的、头等的、最好的，具有一个类别和上层区间的意思，即等第次序居首位的。在高等教育中，“一流”通常是指别人尚未涉足的前沿领域，因而抢占学科发展的前沿领域会使自身获得先发优势，奠定一流学科的基础。“一流”也被认为是大大超越了普遍标准或质量基准的“杰出的质量”。

探讨一流学科的内涵，必然离不开对一流大学定义的剖析。一流，位居上层区间之意，学科、大学是最基本的学术共同体单位，由研究对象、研究方法和学科体系三大基本要素构成，具有复杂的知识系统和组织机构形态，是大学职能的依托和载体。世界一流学科，具有时空局限性的相对概念，反映社会发展历程中某阶段在思想理论、科学技术、价值观念、制度文明等方面对于人类进步的贡献度，或现实中某类学科发展在人才培养、科学研究、社会服务以及文化创新与传承等综合领域实力的最强状态及其帮助解决人类面临的困境、影响和改变人类社会进程的能力。一流学科有两大参照系，并长期处于竞争状态：强调国家需求、政府控制，重视学科的实践标准的欧洲大陆传统体系；强调学术自由、学术自治，重视学科的学术标准的盎格鲁—北美传统体系。美国科学基础数据库（ESI）采用当前占主导地位的盎格鲁—北美体系，作为公认的世界一流学科评价标准。

我国一流学科建设高校应具有居于国内前列或国际前沿的高水平学科，学科水平在有影响力的第三方评价中进入前列，或者学科类型国家急需、具有重大的行业或区域影响、学科优势突出、具有不可替代性。专家委员会根据总体要求和实施办法，以中国特色学科评价为主要依据，参考国际相关评价因素，综合高校办学条件、学科水平、办学质量、主要贡献、国际影响力等情况，以及高校主管部门意见，论证确定的遴选程序认定。

通常大学按学科分类及其层级构建教学及科研机构，如学院及学系。然而，世界科技革命的发生均以学科的综合与分化为标志。随着人类社会及人类认识和新知识、新技术的不断发展深化，传统概念上的学科固然有存在的必要，但推动人类社会文明进步、改变人类生产方式和生活方式的是由自然科学、人文社会科学、工程技术诸多学科融合产生的新知识、新技术。随着新时代的到来，传统的学科概念已经发生了很大的变化，如果依旧以既有的传统学科作为世界一流大学之一流学科遴选的依据及建设的目标，我国的世界一流学科建设至多只能停留在追踪世界高等教育强国并进行跟随式科学研究的水平，并满足于所谓高水平论文发表的学术绩效上。由于我国研究型大学与国际一流大学间的学术水平确实存在一定差距，对世界一流大学的学术跟随以及对高水平存量知识的掌握及其运用并非不需要，问题在于我们选择什么研究领域跟随以及如何跟随，更重要的是跟随的目的应在接近学科前沿后，在知识增量上有高水平的突破，否则我们就不可能生产引领世界科学技术进步的原创性知识与技术成果，更谈不上为改变世界做出贡献。世界一流学科有四个标准：一流的学术队伍、一流的科研成果、一流的学生质量、一流的学术声誉。基于以上讨论本研究对世界一流学科做出如下理性解读。

第一，世界一流学科是世界一流大学建设及实现创造型人才培养和知识创新不可或缺的具有物质价值作用的基础，即世界一流学科不单纯是学术概念，而且是实现建设世界一流大学目标的具有操作意义的学术平台。

第二，世界一流学科绝非传统意义上的学科概念，而是对人类社会发展和科学技术进步具有知识贡献的研究领域，其可以是某一学科新发现的或某科学原理创新应用而产生的富有深入挖掘价值的研究方向，但更多的是由多学科、跨学科交叉融合或协同攻关的新学科。世界一流学科不在于它作为一个学科整体有多么强大，而在于它在一个或若干相对集中的学术或技术研究领域做出了多少改变世界的知识贡献。

第三，如同世界一流大学是极少数大学追求的目标，世界一流学科亦是少数学科追求的目标；同时如同世界一流大学是需要极其雄厚的财力资源支撑的学术组织，世界一流学科对财力资源也有巨大的依赖性。所以即便那些具有较强可持续性财力资源的大学也无法满足其所有学科同时冲击世界一流水平的需要。

三、何为一流大学

从世界范围来看，一流大学是对教育质量水平的一种界定，然而由于教育质量是一个复杂的概念，因对其进行清晰界定的困难，目前研究无公认的“世界一流大学”概念与标准，有研究者甚至认为“质量”和“自由”与“平等”一样是一个“难以明确的概念”，具有难以把握的性质，并提出质量不是一个“统一的概念”“没有单一的正确定义”。[①] 但从学者们对“世界一流大学”的不同理解来看，能够归结出世界一流大学的五个特点。第一，具有形成性。世界一流大学的

① Harvey L, Green D. Defining Quality [J]. Assessment and Evaluation in Higher Education, 1993, 18 (1): 9-34.

“成长”，是由若干简单的“点”在长久发展中形成的复杂的“线”与“面”，并非一蹴而就的。第二，具有代表性。世界一流大学应在某一方面或整体发展中，代表国家乃至全球的最高水平，位居全世界最前列。第三，具有战略性。一流大学是国家和社会的战略需求，要带动、引领社会经济的发展。第四，具有服务性。“大学的边界就是州的边界”，起源于美国的社会服务理念深植于世界一流大学土壤之中，一流大学应以服务国家和地区为本。第五，具有引领性。一流大学有较高的研究水平，其科学研究水平和科研成果在当前和今后长时期内处于领先地位。因此可以说，世界一流大学高地是在浩瀚的历史长河中生长起来的，是全球最具代表性的卓越中心，其发展对国家而言具有首要的战略地位，是人才培养与知识生产的基地，是区域合作与科技创新的重镇，是产业革命与经济发展的支柱，是支撑、引领、贡献一国发展的重要力量。① 就内涵而言，世界一流大学高地是以人才培养、科研创新为手段，来回应社会需求的国之重镇，它是一国乃至世界高等教育的龙头、科技创新的桂冠。世界一流大学高地是稀缺资源，是少量极为优秀的世界顶尖大学集聚的区域，在全世界范围内起到引领带动的作用，是思想结晶之地、创新集聚之地、智慧碰撞之地、人类璀璨文明的迸发之地。因此，一流大学与城市区域的良性互动是世界一流大学高地的本质所在。

然而，根据对世界一流大学做出的必须具有“世界最强的学术实力、世界最多的学术贡献、世界最好的学术声誉”三大特征的判断，认为“世界一流大学”是一个具有时空相对性的比较概念，它是拥有一些世界一流学科专业，聚集了一群世界一流学者，吸引了一大群世

① 王战军，刘静，王小栋．世界一流大学高地：概念、特征与时代价值［J］．高等教育研究，2021（6）：29－38.

界一流学生，以世界一流的大学办学、治校、育人理念和世界一流办学条件，构建了世界一流大学制度和世界一流大学文化，能够培养世界一流专业人才和研究创造世界一流水平新知识的大学。因此，我们应清醒地认识到：我国还没有具有真正比较优势的世界一流大学。当然，我们不能接受我国至今还没有真正意义上的世界一流大学的事实，是因为世界一流大学不仅是国家科学实力和高等教育水平的象征，同时也是与世界一流大学进行平等交流的基础条件，是引领国家高等教育内涵式发展及推动高等教育质量提升的动力所在。若以这样一种视角审视“双一流”建设的目的，那么可以说，“双一流”建设既是推动我国经济从高速增长向高质量发展的需要，更是高等教育自身从规模和速度的高速增长向提升质量和内涵式发展转变的必然选择。“双一流”建设之所以紧迫，不仅在于其是尽快实现我国具有世界一流大学及世界一流学科的需要，亦是缩小我国与世界高等教育强国差距的战略选择。

第二节　一流学科与一流大学的内在联系

自大学诞生以来，大学、学科就成为彼此不能分割、相互依赖的概念体系。高等教育发展的历史表明：中世纪早期的欧洲大学始于哲学、医学、法律和神学四门学科知识的传播及其专门人才的培养。随着人类社会的发展及对复杂世界认识的深化，传统学科已经不能涵盖自然科学与人文社会科学的所有知识领域，传统学科出现了分化并衍生出许多根据不同研究范式或研究方法探讨及描述同类学科或跨学科领域同一对象或现象的本质与规律的专业。在西方，学科兼有知识体系及学术组织的含义，人们对“大学就是依据学科或以学科为基本单位而构建的旨在培养人才和知识创新的学术组织”“学科的逻辑起点是对高深知识的探讨和研究”达成了共识。基于大学与学科不能割裂的认识，负责遴选“双一流”建设大学的教育部、财政部、国家发展和改革委员会有关负责人强调“双一流”建设以学科为基础。继“双一流”建设高校及建设学科名单公布后，教育部学位与研究生教育发展中心又公布了全国第四轮学科评估结果。这次学科评估有 513 所高校参加，涉及 95 个一级学科的 7449 个子学科。据悉有不少大学（包括“985 工程”大学和“211 工程”大学）出于对弱势学科评估结果的担忧而放弃了一些学科的参评。高校对学科评估如此重视，足以说明学科之于大学的重要性。

尽管前面已经涉及“学科”概念及意义，但仍有必要结合世界一流大学与世界一流学科关系的讨论深化认识。有学者曾提出一个问题，即“双一流”究竟指的是“单”还是“双”？所谓“双”是指世界一流大学及世界一流学科，所谓“单”在于明辨两者的逻辑关系。这一关系其实就是“大学”与“学科”的关系，不同的是在两个概念前加了“世界一流”的前缀导致“学科”对于“大学”的发展来说重要性倍增，这就是讨论“双一流”的“双”与“单”的关系之于“双一流”建设的意义所在。

为什么我们要更加强调世界一流学科是构成世界一流大学的基本要素？因为世界一流大学是一个旨在推动知识创新和培养杰出人才的精英大学的概念，而承载世界一流大学之杰出人才培养和知识创新职能的基础平台是世界一流学科。大学是高度开放的学术组织，它具有不同于其他组织的激烈竞争性，大学之间的激烈竞争需要消耗大量的资源，这就导致即便是历史悠久且实力雄厚的世界著名学府为维持其世界一流大学的地位也不得不放弃其在学科建设上全面争先的策略，这也是为什么哈佛大学、耶鲁大学、剑桥大学、牛津大学等世界名校仅有若干学科名列前茅的原因。事实亦然，凡世界一流大学在世界一流学科的遴选和守持上无不采取“有所为”或“有所不为”的选择，即世界一流学科仅是世界一流大学的若干学科发展的目标。由此得出结论：世界一流大学是以世界一流学科为基础的，而判断一所大学是否是世界一流大学的依据来自其是否拥有世界一流学科。“单”与“双”的逻辑因此清晰：一流学科决定一流大学。

基于上述讨论，世界一流大学的建设道路已经清晰，即世界一流大学建设要以世界一流学科建设为着力点和突破口。学科的水平和实力是决定和影响一所大学之学术地位和学术声誉的关键所在，任何一所大学如果拥有了若干甚至一两个世界一流学科，那么这所大学毋庸置疑是世界一流大学。美国何以世界名校云集，就在于这些大学仅仅选择在某些甚至某个学科领域确保其居世界领导地位而非所有学科全面优秀。例如，哈佛大学在工商、政治和医学，耶鲁大学在法学、生物和数学，芝加哥大学在经济和数学，斯坦福在生物、工程和法学，加州大学伯克利分校在化学、能源和计算机，麻省理工学院在计算机、工程和数学，霍普金斯大学在医学，加州理工学院在物理、化学和地球科学等领域最强。它们的战略选择就是在自己的强势学科领域独领风骚。对一流大学与一流学科关系的学理性讨论，有利于我们在一流学科遴选中尽量避免出现类似重庆大学等几所高校仅凭若干自定“一流学科”标准而成为“一流大学”，而 28 所“双一流”高校的 32 个一流建设学科全部未进入第四轮学科评估 A 类的尴尬现象。据新浪教育报道，进入“双一流”榜单的137所高校的465个一流建设学科经全国第四轮学科评估后的结果并不尽如人意：仅有352个一流建设学科进入全国第四轮学科评估的A类，被评为A+的学科有190个，不到一流学科总数的一半；其中113个一流建设学科未进入A类，占一流学科的24%。但正如教育部等三部委负责人在回答“双一流”大学是如何产生问题时所强调的：此次遴选认定的是“建设”高校及“建设”学科，重点在“建设”，是迈向世界一流的起点，而不是认定这些学校和学科就是世界一流大学和一流学科，能否成为世界一流大学和一流学科还要看最终的建设成效。所以，现在入选“双一流”建设的高校及学科还只是国内具有相对“优势”的“一流”，而非有国际比较优势的“一流”。这一认识有利于我们了解自己存在的不足。

与以往“985工程”建设和“211工程”建设不同的是，“双一流”建设采用了退出机制，目的是为了引导和支持具备一定实力的高水平大学和高水平学科瞄准世界一流、汇聚优势资源、培养一流人才、产出一流成果，加快走向世界一流。在资金分配上，“双一流”建设更多考虑办学质量，特别是学科水平、办学特色等因素，重点向办学水平高、特色鲜明的学校倾斜，在公平竞争中体现扶优扶强扶特。学科建设水平和能力的提高已成为中国高等教育历史性变化的最重要的标识。突出学科建设的基础作用，高度契合“双一流”建设目标和指向；突出学科建设的基础作用，加强一流学科建设，也是世界高等教育办学的成功理念、有益经验和基本理念。事实上，世界一流大学就是以若干一流学科为支撑、以若干个学科的优势和特色为标识的一流大学。以一流学科为切入点研究“双一流”建设，对建设高等教育强国、推进“双一流”建设进程大有裨益。

第三节　一流学科与一流大学建设的原则

一、学科发展与国家需求相结合

本质上来讲，学科是对科学知识的分类，根据知识分类的不同进而形成不同的学科，因此，学科发展和知识演化有着天然的关联，这也是学科发展的内在逻辑。知识演化遵循着由普遍知识发展到高深知识而后合并为综合知识最后跃升为“一体化”知识的脉络，使得学科发展经历了分化、重组与交叉、综合的过程，并且沿着学科内在发展的逻辑继续前行。但随着时代的不断更替，学科的发展会附上时代的烙印。

高等教育强国的思想在欧美已有长达200年的实践历史，已推动许多国家走向富强。多年来的改革发展为我国施行高等教育强国政策奠定了必要的基础。党的十七大确立了到2020年全面建成小康社会的宏伟蓝图，而21世纪的前20年是我国全面建设小康社会的重要战略机遇期，是我国经济社会全面发展、实现中华民族伟大复兴的关键时期。为此，党中央提出了建设人力资源强国、人才强国和创新型国家的奋斗目标，并适时提出了“以提高质量为核心、加快从高等教育大国迈向高等教育强国”这一新的历史使命，这意味着，一种新的理念正在打开中国高等教育战略设计的视野。建设高等教育强国，就是要建立世界一流的现代高等教育体系，培养创新性人才，推动高等教育高质量发展。“双一流”建设便是新时代对高等教育学科赋予的重要使命，并使其在“双一流”建设的助推下，沿着多个维度形成一流学科建设梯队。因此，一流学科在内部逻辑和外在重大战略的影响下，共同推动一流大学实现质量的跃升和建设成效的提升。

二、均衡发展与非均衡发展相结合

均衡发展与非均衡发展是经济学范畴内的一对概念，非均衡发展是均衡发展的动力，均衡发展是非均衡发展的目标。正如美国学者赫西曼认为的，非均衡发展是发展的动力，即“导致偏离平衡”的结果恰恰是发展的理想格局，通过非均衡发展导致并促进发展进而实现均衡发展。目前，高等教育作为一种稀缺资源在其院校布局、学科建设方面必然存在非均衡发展。从历史来看，我国从重点大学到世界一流大学建设的发展逻辑都是从某优势学科或高水平大学出发，以有限资源优先发展的方式来倒逼其他大学的发展，形成“淋下效应”，这也为世界一流大学的非均衡发展提供了现实基础。同时，一流大学作为高水平大学中的翘楚，在冲顶世界一流的过程中集国家、社会等各方优势资源于一身，因此在发展的过程中一定要注重资源的合理配置，以实现一流大学“高段位”的可持续发展。

三、过程导向与结果导向相结合

过程性评价和结果性评价都属于价值建构的过程，可用于评价世界一流大学的建设成效。过程性评价强调过程发展，注重增量效应。世界一流大学的形成是多年累积而来，其发展的重点在于“建设”，是动态调整的过程。同时，世界一流大学因众多要素的过度集中，更要强调评价的过程体现各资源要素使用效果的增量情况。目前一流大学的分类评价和增值评价便是属于这种过程导向思维的评价。而结果性评价强调结果影响，注重绝对效应，对于探究世界一流大学的评价来讲，这种评价导向属于刚性评价，不利于真正找出成长的效果和发展的程度。因此，需要将两种评价相结合，刚柔并济，才能体现世界一流大学建设的成效。

改革开放以来特别是党的十八大以来，国家在高等教育领域相继实施了“211 工程”“985 工程”和“双一流”建设，推动我国大学发展水平超越多数发展中国家，与发达国家大学差距逐渐缩小。其中，“十三五”时期启动的“双一流”建设，在国家政策和中央财政专项资金支持下，正在重点打造争创世界“双一流”的“集团军”。我国高等教育自 2002 年进入大众化发展阶段之后，仅用了近 20 年的时间就迈入了普及化阶段。“双一流”建设政策就是在大众化阶段向普及化阶段转换的过程中落地生根的。在发展阶段的转换过程中，一方面，需要更多更高层次的人才，另一方面还需兼顾一流与大众之间的平衡。正如瞿振元提到的，衡量一个国家高等教育发展的水平，主要看两个方面：一是高等教育的普及水平，二是世界级高水平大学的状况。这也正是阶段转换过程中对高等教育过程和结果的双重要求。

第四节　一流学科与一流大学建设的政策变迁

一、一流大学建设的政策变迁

（一）重点大学建设阶段

全国重点大学的建设历史要追溯至20世纪50～60年代，在不同的历史时期，重点大学的含义是不同的。中华人民共和国成立后，我国高等教育事业进入了崭新的时期。1954年教育部首次确立了6所大学为全国重点大学，包括北京大学、清华大学、中国人民大学、北京医学院、北京农业大学、哈尔滨工业大学。哈尔滨工业大学成为当时唯一一所京外的全国重点大学，可见哈工大的历史地位和影响力。北京医学院后来并入北京大学，现为北京大学医学部。1959年3月中共中央发布的《关于在高等学校中指定一批重点学校的决定》，指定了16所一流大学为全国重点大学，同年8月再增加4所，这样1959年共指定了20所全国重点大学，这20所大学分别是：清华大学、北京大学、北京航空学院（现北京航空航天大学）、北京农业大学（现中国农业大学）、中国人民大学、北京工业学院（现北京理工大学）、北京医学院（现北京大学医学部）、北京师范大学、上海交通大学、复旦大学、华东师范大学、上海第一医学院（现复旦大学上海医学部）、中国科学技术大学、天津大学、哈尔滨工业大学、西安交通大学、中国人民解放军军事工程学院（现哈尔滨工程大学）、中国人民解放军军事电信工程学院（现西安电子科技大学）、中国人民解放军第四军医大学（现空军军医大学）、中国协和医科大学。

1960 年在 1959 年 20 所全国重点大学的基础上，又增加了 44 所重点大学，这样 1960 年全国就有 64 所重点大学，其中综合性大学 13 所（北京大学、复旦大学、中国人民大学、中国科学技术大学、南开大学、兰州大学、吉林大学、南京大学、武汉大学、中山大学、四川大学、山东大学、山东海洋学院）、工科院校 32 所、师范院校 2 所、农林院校 3 所、医学院校 5 所、外语和政法院校 4 所、音乐体育院校 2 所、军事院校 3 所。1963 年增加 4 所（厦门大学、浙江大学、上海外国语学校、南京农学院）。1964 年增加 1 所（国际关系学院），这样到 1964 年，全国重点高校有 69 所。1960 年教育部在天津召开高等教育重点学校问题座谈会上，明确提出“全国性重点大学，应在 3 年到 8 年内，力争成为世界上最先进的高等学府”，我国建设世界一流大学正式起航。1978 年，国务院转发教育部《关于恢复和办好全国重点高等学校的报告》，恢复了“文化大革命”前确立的 60 所全国重点高等学校，并增加 28 所高校为重点大学，这 88 所全国重点大学如今也很有影响力。截至 1981 年，全国共有重点大学 98 所。进入 20 世纪 90 年代中期，国家先后实施了一批教育发展重大工程，我国建设世界一流大学进入了高速发展时期。

（二）“211 工程”阶段（1991—2011 年）

1991 年 4 月，第七届全国人民代表大会第四次会议批准的《国民经济和社会发展十年规划和第八个五年计划纲要》提出，有重点地办好一批大学，加强一批重点学科点的建设，使其在科学技术水平上达到或接近发达国家同类学科的水平，这成为“211 工程”建设的雏形。1993 年，党中央、国务院发布的《中国教育改革和发展纲要》提出，为了迎接世界新技术革命的挑战，要集中中央和地方等各方面的力量办好 100 所左右重点大学和一批重点学科、专业，力争在 21 世纪初，有一批高等学校和学科、专业，在教育质量、科学研究和管理方面达到世界较高水平。同年，国家教委印发了《关于重点建设一批高等学校和重点学科点的若干意见》，决定设置“211 工程”重点建设项目，即面向 21 世纪，重点建设 100 所左右的高等学校和一批重点学科点，以此为契机，“211 工程”建设全面展开。这也是中华人民共和国成立以来，由国家立项的高校领域规模最大、层次最高的教育工程，分三期建设，共涉及 113 所高校，其中 4 所高校实行两地办学模式（见表 1－1）。2008 年教育部举行会议，介绍“211 工程”十年建设成就及开展三期工程建设情况，会议认为，我国“重点建设的学校整体实力有了显著提高，缩小了与世界一流大学的差距”“部分学科实际上已经接近或者达到了国际的先进水平”。2011 年教育部表示不再设立新的“211 工程”大学。

表 1－1　“211 工程”大学名单

1995 年 12 月，第一批入选“211 工程”的大学共 15 所： 北京大学、清华大学、北京理工大学、北京航空航天大学、中国农业大学、复旦大学、上海交通大学、西安交通大学、哈尔滨工业大学、中国科学技术大学、南开大学、天津大学、南京大学、浙江大学、西北工业大学
1996 年 12 月，首批增加 12 所，总数变为 27 所： 中国人民大学、北京师范大学、大连理工大学、吉林大学、哈尔滨工程大学、同济大学、东南大学、武汉大学、华中科技大学、中南大学、国防科技大学、中山大学

续表

1997 年 12 月，第二批（68 所）： 中国石油大学、北京中医药大学、北京邮电大学、北京林业大学、北京科技大学、北京交通大学、北京化工大学、北京外国语大学、对外经济贸易大学、中央音乐学院、北京工业大学、中央民族大学、天津医科大学、河北工业大学、太原理工大学、内蒙古大学、东北大学、辽宁大学、大连海事大学、东北师范大学、延边大学、东北农业大学、华东师范大学、华东理工大学、东华大学、上海财经大学、上海外国语大学、上海大学、上海医科大学、第二军医大学、中国矿业大学、中国药科大学、南京农业大学、江南大学、河海大学、南京航空航天大学、南京理工大学、南京师范大学、苏州大学、南昌大学、安徽大学、厦门大学、福州大学、山东大学、中国海洋大学、郑州大学、中国地质大学、武汉理工大学、湖南大学、湖南师范大学、华南理工大学、暨南大学、华南师范大学、广西大学、四川大学、电子科技大学、西南交通大学、西南财经大学、四川农业大学、重庆大学、云南大学、兰州大学、西安电子科技大学、长安大学、西北大学、第四军医大学、新疆大学、中国传媒大学
2005 年，第三批（12 所）： 西南大学、中国政法大学、中央财经大学、华北电力大学、东北林业大学、合肥工业大学、华中农业大学、华中师范大学、中南财经政法大学、贵州大学、西北农林科技大学、北京体育大学
2005 年末，第四批（1 所）： 陕西师范大学
2008 年，第五批（5 所）： 宁夏大学、海南大学、青海大学、石河子大学、西藏大学

（三）“985 工程”阶段（1998—2011 年）

1998 年 5 月 4 日，江泽民同志在庆祝北京大学建校 100 周年大会上发表重要讲话，提出为了实现现代化，我国要有若干所具有世界先进水平的一流大学，当年率先在北京大学和清华大学启动一流大学建设。1999 年，国务院批转教育部《面向 21 世纪教育振兴行动计划》，“985 工程”建设正式启动。这是我国在世纪之交做出的重大教育部署，我国建设世界一流大学进入了更高层次和更大影响的新阶段，经过两批次申报，共有39所高校入围。2004年，根据《2003—2007年教育振兴行动计划》，启动了“985工程”二期建设。2006年，实施了“985工程”优势学科创新平台项目，主要以国家或行业发展急需的重点领域和重大需求为导向，面向高水平行业特色型大学，从列入“211工程”建设的中央部属高校中遴选，共有33所高校入选。2010年，根据《教育部、财政部关于加快推进世界一流大学和高水平大学建设的意见》，新一轮“985工程”建设开始实施。2011年，教育部部长表示，“985工程”已经关上大门，不会再有新的学校加入这个行列。2015年，中央全面深化改革领导小组通过决议，将对“985工程”“211工程”等项目做出新的部署。

依据国家教育部和各省、市及部委所签订的合同，根据合同书对各学校的定位及资金资助情况（三年内拨款经费总量），按照共建合同签约时间，分列如下：

1. 目标定位：“世界一流大学”

北京大学18亿元（教育部拨款）。

清华大学18亿元（教育部拨款）。

2. 目标定位：“国内一流、国际知名高水平大学”

中国科技大学9亿元（3亿元教育部拨款+3亿元中科院拨款+3亿元省拨款）。

南京大学12亿元（6亿元教育部拨款+6亿元省拨款）。

复旦大学12亿元（6亿元教育部拨款+6亿元市拨款）。

上海交通大学12亿元（6亿元教育部拨款+6亿元市拨款）。

西安交通大学9亿元（6亿元教育部拨款+3亿元省拨款）。

浙江大学 14 亿元（7 亿元教育部拨款 +7 亿元省拨款）。

哈尔滨工业大学 10 亿元（3 亿元教育部拨款 +3 亿元国防科工委拨款 +4 亿元省拨款）。

北京理工大学 10 亿元（3 亿元教育部拨款 +3 亿元国防科工委拨款 +4 亿元市拨款）。

北京师范大学 12 亿元（6 亿元教育部拨款 +6 亿元市拨款）。

中国人民大学，定位其为“国际知名的世界一流大学”（经费未查到）。

3. 目标定位：“国内外知名的高水平大学”

依据中央资助经费情况分列如下：

（1）中央资助经费为 3 亿元以上（不含 3 亿元）的大学：

北京航空航天大学 9 亿元（3 亿元教育部拨款 +3 亿元国防科工委拨款 +3 亿元市拨款）。

西北工业大学 9 亿元（3 亿元教育部拨款 +3 亿元国防科工委拨款 +3 亿元陕西省、西安市以土地等形式）。

武汉大学 8 亿元（4 亿元教育部拨款 +4 亿元省拨款）。

四川大学 7.2 亿元（4 亿元教育部拨款 +3.2 亿元省拨款）。

南开大学、天津大学两校共 14 亿元（教育部拨款 + 市拨款）。

吉林大学 7 亿元（4 亿元教育部拨款 +3 亿元省拨款）。

（2）中央资助经费为 3 亿元的大学：

中山大学 12 亿元（3 亿元教育部拨款 +9 亿元省拨款）。

山东大学 8 亿元（3 亿元教育部拨款 +5 亿元省拨款）。

东南大学 6 亿元（3 亿元教育部拨款 +3 亿元省拨款）。

华中科技大学 6 亿元（3 亿元教育部拨款 +3 亿元湖北省、武汉市以资金、项目等形式）。

厦门大学6亿元（3亿元教育部拨款+1.5亿元福建省拨款+1.5亿元厦门市拨款）。

同济大学6亿元（3亿元教育部拨款+3亿元市拨款）。

重庆大学5.4亿元（3亿元教育部拨款+2.4亿元市拨款）。

兰州大学4.5亿元（3亿元教育部拨款+1.5亿元省拨款+土地）。

（3）中央资助经费为2亿元的大学：

中南大学4亿元（2亿元教育部拨款+2亿元省拨款）。

湖南大学4亿元（2亿元教育部拨款+2亿元省拨款）。

大连理工大学4亿元（2亿元教育部拨款+2亿元辽宁省、大连市拨款）。

华南理工大学4亿元（2亿元教育部拨款+2亿元省拨款）。

东北大学4亿元（2亿元教育部拨款+1亿元省拨款+1亿元沈阳市拨款）。

电子科技大学3.6亿元（2亿元教育部拨款+1.6亿元省拨款）。

中国海洋大学3亿元（教育部、山东省、中国海洋局、青岛市总拨款额）。

985工程二期名单（考虑到农业、民族等问题，二期名单增加了5所学校）：中国农业大学、中央民族大学、西北农林科技大学、国防科技大学、华东师范大学。

（四）“双一流”建设阶段（2014年至今）

2014年5月4日，习近平同志在北京大学考察时提出，办好中国的世界一流大学，必须有中国特色。2015年国务院印发的《统筹推进世界一流大学和一流学科建设总体方案》提出，加快建成一批世界一流大学和一流学科，提升我国高等教育综合实力和国际竞争力，实现我国从高等教育大国到高等教育强国的历史性跨越，与国家五年规划同步实施，这是党中央、国务院在高等教育发展方面做出的又一重大战略决策。教育部2016年工作要点明确提出，加快一流大学和一流学科建设，制订"双一流"实施办法。2017年1月全国教育工作会议提出全面启动"双一流"建设，培养拔尖创新人才，同年教育部工作要点提出要组织实施好"双一流"建设，设立专家委员会，确定建设高校、学科遴选认定标准、程序和范围，组织建设高校编制建设方案，建立信息公开公示网络平台。2017年3月，教育部部长陈宝生表示，"双一流"的标准就是中国特色和世界一流的有机融合，不是"985""211"的翻版，也不是升级版，更不是山寨版，部属高校和地方高校是平等的。同年9月20日教育部、财政部、国家发展和改革委员会公布了"双一流"建设高校名单。首批"双一流"大学共137所，其中包括42所世界一流大学建设高校（见表1-2）和95所世界一流学科建设高校（见表1-3）。"双一流"学科共465个。

表1-2　　　　世界一流大学建设高校名单

世界一流大学建设高校（A类）36所： 北京大学、中国人民大学、清华大学、北京航空航天大学、北京理工大学、中国农业大学、北京师范大学、中央民族大学、南开大学、天津大学、大连理工大学、吉林大学、哈尔滨工业大学、复旦大学、同济大学、上海交通大学、华东师范大学、南京大学、东南大学、浙江大学、中国科学技术大学、厦门大学、山东大学、中国海洋大学、武汉大学、华中科技大学、中南大学、中山大学、华南理工大学、四川大学、重庆大学、电子科技大学、西安交通大学、西北工业大学、兰州大学、中国人民解放军国防科技大学
世界一流大学建设高校（B类）6所： 东北大学、郑州大学、湖南大学、云南大学、西北农林科技大学、新疆大学

表 1-3　　世界一流学科建设高校名单

北京交通大学、北京工业大学、北京科技大学、北京化工大学、北京邮电大学、北京林业大学、北京协和医学院、北京中医药大学、首都师范大学、北京外国语大学、中国传媒大学、中央财经大学、对外经济贸易大学、外交学院、中国人民公安大学、北京体育大学、中央音乐学院、中国音乐学院、中央美术学院、中央戏剧学院、中国政法大学、天津工业大学、天津医科大学、天津中医药大学、华北电力大学、河北工业大学、太原理工大学、内蒙古大学、辽宁大学、大连海事大学、延边大学、东北师范大学、哈尔滨工程大学、东北农业大学、东北林业大学、华东理工大学、东华大学、上海海洋大学、上海中医药大学、上海外国语大学、上海财经大学、上海体育学院、上海音乐学院、上海大学、苏州大学、南京航空航天大学、南京理工大学、中国矿业大学［中国矿业大学（北京）］、南京邮电大学、河海大学、江南大学、南京林业大学、南京信息工程大学、南京农业大学、南京中医药大学、中国药科大学、南京师范大学、中国美术学院、安徽大学、合肥工业大学、福州大学、南昌大学、河南大学、中国地质大学［中国地质大学（北京）］、武汉理工大学、华中农业大学、华中师范大学、中南财经政法大学、湖南师范大学、暨南大学、广州中医药大学、华南师范大学、海南大学、广西大学、西南交通大学、西南石油大学、成都理工大学、四川农业大学、成都中医药大学、西南大学、西南财经大学、贵州大学、西藏大学、西北大学、西安电子科技大学、长安大学、陕西师范大学、青海大学、宁夏大学、石河子大学、中国石油大学［中国石油大学（北京）］、宁波大学、中国科学院大学、中国人民解放军海军军医大学、中国人民解放军空军军医大学

二、一流学科建设的政策变迁

（一）重点学科建设阶段

与重点大学一样，这段期间国家也推动了国家重点学科的发展。国家重点学科是国家根据发展战略与重大需求，择优确定并重点建设的用以培养创新人才、开展科学研究的重要基地，在高等教育学科体系中居于骨干和引领地位，满足经济建设和社会发展对高层次创新人才的需求，为建设创新型国家提供高层次人才和智力支撑，充分体现全国各高校科学研究和人才培养的实力和水平。到2007年为止，共组织了三次国家重点学科评选工作，共评选出全国286个一级学科国家重点学科、677个二级学科国家重点学科、217个国家重点（培育）学科，其中一级学科国家重点学科所覆盖的二级学科均为国家重点学科。

第一次评选工作是在1986—1987年。1985年5月27日颁布的《中共中央关于教育体制改革的决定》中提出“根据同行评议、择优扶植的原则，有计划地建设一批重点学科”。根据这一要求，国家教育委员会于1987年8月12日发布了《国家教育委员会关于做好评选高等学校重点学科申报工作的通知》（以下简称《通知》），决定开展高等学校重点学科评选工作。根据《通知》精神，重点学科的门类要比较齐全，科类结构比例和布局应力求合理，要有利于促进学科间的横向联合，逐步形成高校科研优势。重点学科点应承担教学、科研双重任务，要逐步做到能够自主地、持续地培养和国际水平大体相当的博士、硕士、学士；能够接受国内外学术骨干人员进修深造，进行较高水平的科学研究；能够解决四化建设中重要的科学技术问题、理论问题和实际问题，能为国家重大决策提供科学根据，为开拓新的学术领域、促进学科发展作出较大贡献。此次评选共评选出416个重点学科点，其中文科78个、理科86个、工科163个、农科36个、医科53个，涉及108所高等学校。

第二次国家重点学科的评选工作是在2001—2002年。根据《教育部关于开展高等学校重点学科评选工作的通知》规定，开展了新一轮的高等学校重点学科评选工作。主要目的是促进我国高等学校的学科建设，进一步提高我国高等学校教学科研的能力，形成一批立足培养国内高层次专门人才、解决经济建设和社会发展重大问题的基地；根据我国经济建设、社会发展、科技进步和国防建设的需要，对高等学校的学科建设方向进行引导和示范，使高等学校学科建设进一步适应现代化建设的需要；优化高等教育资源配置，集中国家和地方有限财力，通过重点建设，逐步在全国范围内形成布局合理、各具特色和优势的重点学科体系，巩固和扩大高等学校在人才培养、科学研究方面的综合优势。本次评选工作共评选出 964 个高等学校重点学科。

第三次评选工作是在 2006 年。经过近 20 年的建设，国家重点学科的教学、科研条件得到了明显改善，学术水平、培养高层次人才和承担国家重大任务的能力得到了显著提高，促进了高等学校学科结构的调整和优化，已成为我国高等学校重要的具有骨干和示范作用的教学、科研基地。面对世界科技革命的严峻挑战和世界范围内日益激烈的人才竞争，为适应建设创新型国家、构建社会主义和谐社会和全面建设小康社会对人才和科技的要求，根据建设创新型国家的战略部署，调整国家重点学科结构。根据《教育部关于加强国家重点学科建设的意见》精神，在“服务国家目标，提高建设效益，完善制度机制，建设一流学科”的指导思想下，调整的重点是在按二级学科设置的基础上，增设一级学科国家重点学科。一级学科国家重点学科的建设要突出综合优势和整体水平，促进学科交叉、融合和新兴学科的生长。二级学科国家重点学科的建设要突出特色和优势，在重点方向上取得突破。本次评选工作共评选出 286 个一级学科国家重点学科，677 个二级学科国家重点学科，217 个国家重点（培育）学科。

（二）985 工程优势学科创新平台

“985 工程优势学科创新平台”高校，虽说不是入选“985 工程”

的高校，但与“985 工程”高校却有很多渊源，获得这个头衔的大学，在整体实力上虽然不如“985”大学，但其优势学科在全国范围内，却有着举足轻重的地位，所以才被称为“小 985”，今天我们就来介绍 6 所获得“小 985”之称的大学。

为建设创新型国家、加快推进社会主义现代化建设，国务院决定建设“985 工程优势学科创新平台”项目，官方也称“特色 985 工程”，民间俗称“小 985 工程”，由教育部和财政部共同负责，与“985 工程”同期执行，每期获得的中央财政资金额度与“985 工程”高校接近。

“985 工程优势学科创新平台”是“985 工程”大体系的重要组成部分，已经列入《国家中长期教育改革和发展规划纲要》，作为国家层面的重点工程长期实施，由于平台建设方式和“985 工程”平台相同，所以称为“985 工程优势学科创新平台”，又简称“985 平台”。入选“985 工程优势学科创新平台”项目高校，从属于“211 工程”建设的学校，但从“985 工程”建设的学校中选择。“985 工程优势学科创新平台”建设项目的主要任务是以国家和行业发展急需的重点领域和重大需求为导向，围绕国家科技发展战略和学科前沿，在行业特色型大学的全国顶尖的优势学科重点建设一批优势学科创新平台，从而大力提高建设学科的科技创新能力和解决经济社会发展的重大问题的能力，打造一批世界一流学科群。

“特色 985 工程”大学基本上是没有经历过合并重组的行业特色型大学，学科精度极高，拥有一至两个全国顶尖的学科，在行业内认可度极高，具有深厚的行业底蕴和学科积淀。目前，国家中央部委直属的“211 工程”中有 32 所高校获得“特色 985 工程”资格（见表 1－4）。

表 1-4　　“985 工程优势学科创新平台”高校名单

高校类别	高校名称	“985 工程优势学科创新平台”名称
信息类	西安电子科技大学	先进军事综合电子信息系统优势学科创新平台
		先进雷达技术优势学科创新平台
	北京邮电大学	社交网络分析与网络信息传播优势学科创新平台
	中国传媒大学	数字媒体优势学科创新平台
材料类	北京科技大学	新材料与冶金工程优势学科创新平台
	武汉理工大学	绿色建材与新材料优势学科创新平台
交通类	北京交通大学	轨道交通安全优势学科创新平台
	西南交通大学	国家轨道交通工程优势学科创新平台
	长安大学	公路建设与交通运营保障科学与技术优势学科创新平台
化工类	华东理工大学	煤的清洁高效利用与石油化工关键技术优势学科创新平台
	北京化工大学	绿色化工与材料优势学科创新平台
资源类	中国矿业大学	煤炭资源安全开采与洁净利用优势学科创新平台
	中国地质大学	地球系统过程与矿产资源优势学科创新平台
	中国石油大学	油气资源勘探开发与转化优势学科创新平台
	华北电力大学	电力科学与工程优势学科创新平台
	河海大学	全球水循环与国家水安全优势学科创新平台
汽车类	合肥工业大学	节能环保汽车及其制造装备技术优势学科创新平台
轻工类	江南大学	食品精深加工与安全控制优势学科创新平台
财经类	中央财经大学	经济学与公共政策优势学科创新平台
	上海财经大学	经济学优势学科创新平台
	中南财经政法大学	经、法、管学科融通创新与我国社会建设优势学科创新平台
	西南财经大学	金融学科群与中国金融创新发展优势学科创新平台

续表

高校类别	高校名称	“985 工程优势学科创新平台”名称
农林类	北京林业大学	应对全球化的森林生态系统恢复重建与可持续经营优势学科创新平台
	东北林业大学	森林资源可持续经营与高效利用优势学科创新平台
	华中农业大学	农业生物遗传改良和生长发育调控优势学科创新平台
	南京农业大学	（正式名称未公布）
	西南大学	“现代农业科学”优势学科创新平台
人文类	暨南大学	华侨华人研究优势学科创新平台
政法类	中国政法大学	法治建设与人才培养优势学科创新平台
医药类	中国药科大学	新药发现理论与技术优势学科创新平台
国防类	南京航空航天大学	航空飞行器设计制造与飞行安全优势学科创新平台
	哈尔滨工程大学	现代舰船与深海工程优势学科创新平台
	南京理工大学	现代攻防与先进装备技术优势学科创新平台

（三）一流学科建设阶段

一流学科建设高校是“双一流”大学建设中重要的一部分，从“国内顶尖水平的国家重点学科”到“推动学科进入世界一流行列或前列”，可以明显地看出一流学科建设是推进学科质量提升的现实要求。那么世界一流学科的建设要注重以下三个方面：

首先，世界一流大学的建成与否取决于世界一流学科的建成与否，因此必须不打折扣地把有限的人财物资源真正有效地投入到具有比较意义的世界一流学科建设中并产生可预见的建设成效。

“双一流”建设若要从根本上避免复制“985 工程”和“211 工程”存在的问题，就必须在建设世界一流学科上真正务实、下力、建功。

其次，由于建设世界一流大学既是参与知识与技术国际竞争的需要，也是提升国家知识与技术薄弱领域的需要，所以世界一流学科的遴选及建设必须针对能够占据知识与技术发展的制高点，即改变人类生存和发展方式具有突破性的知识创新领域，以及在我国相对薄弱且受科技发达国家限制的高新科学技术。在世界一流学科的遴选和建设中，需要对世界科技发展的趋势做出高屋建瓴的预测和判断，把研究领域相对固定、专业化程度较高的实验室作为“一流学科”进行投资建设或许是一种最富建设效率的选择。例如，剑桥大学卡文迪许实验室是近代科学史上第一个社会化和专业化实验室，它以近现代物理学，如天体物理学、粒子物理学、固体物理学、生物物理学为主要研究领域，发现了电子、中子、原子核结构、DNA 双螺旋结构等新知识，为推动人类的科学发展做出了巨大贡献；又如加州大学伯克利分校劳伦斯国家能源研究实验室及麻省理工学院的林肯实验室，后者是美国大学第一个具有大规模、跨学科、多功能的技术研究开发实验室，作为美国政府投资的研究中心，其使命就是专注于高科技在国家安全问题上的运用。

最后，“双一流”建设是需要消耗巨量资源的昂贵事业，政府部门和“双一流”建设入榜大学都必须以“有所为有所不为”作为“一流学科”遴选与建设的基本原则，将人财物资源高度集中于世界一流学科建设中。由于资源的有限性及世界一流学科所需资源消耗量巨大，一流学科遴选在数量上必须有所控制而非多多益善。

第五节　世界一流学科的成长逻辑

学科的基本要素可追溯至古希腊时期的“七艺”，直到欧洲中世纪大学的出现，才使学科具备了现代大学学科的部分功能。随着知识的演进和制度的变迁，学科在不断成长，一流学科便是在我国高等教育从大众化阶段向普及化阶段的历史跨越中成长起来的，一流学科的建设全面开启了学科内涵建设新征程。2021 年 3 月三部委印发的《“双一流”建设成效评价办法（试行）》不仅明确了一流学科建设成效的评价方法，也再一次引发了对一流学科成长的关注。在新一轮“双一流”建设背景下，从不同视角和领域挖掘一流学科的成长逻辑和机理，对提升一流学科建设内涵和成效尤为重要。

一、世界一流学科的成长

学科既是一种知识分类体系，也是一种制度安排。那么，世界一流学科的成长即是学科从知识演化和制度变迁两种路径成长到更高层次和水平的动态过程。一方面，通过知识演化内化于“心”促使学科成长，重点关注知识积累与创新。另一方面，通过制度构建外化于“形”助力学科成长，重点关注学科规训制度。

（一）知识演化透视一流学科的成长

学科，即主体在认识客体的过程中形成的系统有序的知识体系，是知识生产、传播、应用积累到一定阶段的产物。[①] 学科是与知识相联系的一个学术概念，因此知识的演化不仅影响学科的成长，还能透视出学科的成长轨迹，主要体现在以下三个方面：

首先，知识是人类对学科认知的缘起，也是学科成长的逻辑起点。知识的演化是有序且无限累积的，遵循着一定的内在逻辑，它以学科为载体，在知识动态调整和互动衔接的过程中促使学科朝着“育人心灵的一切方向充分涌流”。[②] 海因茨·黑克豪森（Heinz Heckhausen）认为，学科通过对相同问题进行专门研究来达到知识的新旧更替，[③] 实现从普遍知识发展到高深知识然后合并到综合知识最后跃升为“一体化”知识，强调知识之间的联系及整体属性，而作为知识载体的学科必然经历知识演化的洗礼与积淀，在满足国家重大战略需求和创新中突破前沿技术而生长成为一流学科。

其次，知识在传承创新与优势积累的过程中无限延伸与拓展，形成了“知识迁徙”而不断的出现交叉与分化的发展趋势。雅斯贝尔斯（Karl Jaspers）认为学科成长为“一流”的过程，是一个复杂的过程，每一次演化和变迁，都是在不断提升知识有序累积、创新知识以及知

---

① 周光礼，武建鑫．什么是世界一流学科［J］．中国高教研究，2016（1）：65－73.

② 勒内·笛卡尔．笛卡尔主要哲学著作选［M］．李琍，译．上海：华东师范大学出版社，2020：124.

③ 刘仲林．现代交叉科学［M］．杭州：浙江教育出版社，1998：19.

识有效应用的能力。[①] 知识的累积与融合催生了学科的新领域，推动学科新增长点的诞生，从而实现学科的成长与创新突破。

最后，知识产生于人类生产实践的需要，由最初的经验积累上升为知识。随着知识生产力的不断发展与体系化，基于知识的学科生产方式由纯粹的“真理”追求衍变为逐渐寻求“真理”和“应用”的互动，形成“巴斯德象限”现象。知识的价值取向越来越从“求真”向“求用”转变，也说明源于实践的知识，最终也将走向社会，即知识越来越以需求为导向进行创新，使始终穿着知识分类外衣的学科，在国家和社会需求的双重影响下，朝着各学科的发展方向开启各具特色的“一流”成长之路（见表1－5）。

表1－5　知识演化主要表现的方面

表现	演化阶段1	演化阶段2	演化阶段3	演化阶段4
知识演化	普遍知识	高深知识	综合知识	“一体化”知识
学科演化	古典学科	自然学科	交叉学科	一流学科
演化方式	混沌一体	学科分化	交叉融合	学科创新

（二）制度变迁审视一流学科的成长

一流学科的成长仅依靠知识演化和知识互涉是远远不够的。因为学科本身就有制度的含义，并且学科的成长最终也是以制度安排的形式嵌入教育系统之中，因此，“学科的成长史是学科理智史和学科制度史的双重动态史”[②]，从非正式制度过渡到正式制度再到制度优化，

① 雅斯贝尔斯．大学之理念［M］．邱立波，译．上海：上海人民出版社，2007：31.

② 方文．社会心理学的演化：一种学科制度视角［J］．中国社会科学，2001（6）.

制度的变迁贯穿一流学科成长的“一生”，学科要成长为一流，就需要有一流的制度来“保驾护航”。

学科制度的建设是在学科内在规训和外部社会条件形塑下共同实现的，这一过程同时包含着学科内外双重维度的制度化路径。① 因此，在学科制度的建设中要尽可能发挥学科规训的功能。具体来讲，对于通过演化方式产生的内在制度，知识积累是学科制度内涵建设的内驱力，而学科规训起到强化这种内驱力的作用，审视着学科的成长；而对于理性设计的外在制度，强调学科的行政建制和机构，并围绕学科规训形成物质保障，进而促进学科内在制度的不断发展和完善。

随着学科规训内容的延伸拓展，通过学科建制和学科文化不断将学科规训渗透到知识生产和人才培养中，持续优化理论体系、价值标准等内在制度建设；同时，学科规训通过高等院校、学会等学科机构控制着各种资源和权力，不断完善组织、机构和社会资源等外在制度建设，在学科规训制度的影响下，学科内在制度和外在制度有机结合并不断发展进而将学科推向世界一流（见表 1－6）。

表 1－6　制度变迁所包含的内容

制度变迁包含内容	阶段 1	阶段 2	阶段 3	阶段 4
制度变迁	非正式制度	非正式制度向正式制度过渡	正式制度	制度优化
规训内容	规范、信仰、口试	书写、考试和评分	学科建制	拓展深化学科规训内容

① 陈莹．学科制度化发展逻辑［N］．中国教育报，2019－12－05（7）．

二、世界一流学科成长的双重逻辑

无论是在知识演化还是在制度变迁过程中，一流学科都会依据成长的规律和规则形成相应的发展逻辑。逻辑是形塑一流学科成长的内在动力和根本力量，只有对逻辑发展趋势深刻把握才能推动学科成长。[①] 逻辑的发展遵从“历史从哪里开始，起点就从哪里开始”的规约，由此，学科成长的逻辑起点即“学科产生的源头和初心”。当学科的逻辑起点范畴被确定以后，就可以透过不同视角对学科成长的逻辑进行推演，其中学科范式转换和规训方式转变便是分别从生态学和制度学视角分析一流学科成长的双重逻辑。

（一）学科逻辑起点：一流学科成长的根基

学科逻辑起点是学科赖以生存和发展的前提和根基。学科逻辑起点源于高深知识，高深知识既包括知识的创新性也包括知识的社会性，并随着知识创新和对社会的贡献而不断演进。其中，知识的创新引发学科的范式转换，知识的社会性引导学科的规训方式转变。具体来讲，一方面，学科本质上是由某领域的认识所构成的“知识逻辑体系”，它的发展遵循着知识演化的规律，从笼统的综合化到门类的分化与独立，再到交叉与融合，每一次知识内容及形式的更替都是随着时代发展而变化的，在不断发展演化的过程中，有些知识是呈累积渐进性的，

---

① 吴叶林，崔延强．建设高等教育学一流学科的逻辑与路径选择探讨［J］．大学教育科学，2020（5）．

有些知识是呈突破性的，作为知识阶段性产物的学科正是在知识不断创新与突破中“生成”一流学科；另一方面，因知识系统具有社会性，知识与权力的逐渐结合改变学科规训的方式，进而在服务国家重大需求和社会发展中“建成”一流学科。

无论是“生成”还是“建成”一流学科，在成长的过程中均出现了内涵与特征的变化，这主要是因为学科的逻辑起点具有多样性与发展性。具体来讲，不同的学科具有不同的逻辑起点，逻辑起点的多样性蕴藏着理论生发的无限可能，并形成各自独特的研究范式；而不同学科逻辑起点的发展性蕴含着动态成长的潜力，影响着不同学科发展的水平和方向。随着学科理论知识体系的逐渐成熟，一流学科建设正在实现与国家发展和经济建设“同频共振”，保证了学科持续稳定的延续拓展和超越。一流学科正是学科理论知识体系成熟、研究范式适切和制度优异的典型代表。

（二）生态学逻辑：从依生范式到新生态范式的转换

学科逻辑起点的回溯在一定程度上不仅探明了学科成长的内在动力及特征属性，也说明了学科知识累积和创新的过程是充满生命能量的。因此，从生态学视角出发便于我们洞察学科内部结构及学科成长的推演过程。20 世纪六七十年代，英国学者阿什比（Eric Ashby）首次在高等教育领域引入生态学理论，将高等教育现象放在生态系统语境中去探讨。学科作为高等教育的重要组成部分，其生长亦具有独特的生态规律，其演进动力取决于学科携带“遗传”信息的不断更新及与环境之间的关联程度。学科在与环境不断的互动中形成了高等教育学科的生态系统，并且随着生态系统的进化，学科生态系统由大学诞生之初的知识生态子系统，转变为包括知识生态子系统和组织生态子系统在内的混合生态系统，在转变的过程中，学科的成长逻辑也发生了明显变化。

从生态学视角来看，学科在成长的过程中形成了知识生态子系统和组织生态子系统，并呈螺旋状耦合生长，促成学科生态系统与环境有序演化，以实现知识和组织两个生态子系统从简单到复杂、低级到高级的进化，这在一定程度上诠释了英国教育家阿什比所说的“任何类型的组织发展都和遗传与环境有关”①。通常情况下，学科生态系统的转变都与学科范式转换有密切关系，因此，学科成长为学科等级链的顶端——一流学科，其学科范式也出现了革命性的变化，由依赖优势学科及环境的依生范式进化到新生态范式。新生态范式强调环境因素对学科生长的双向影响，认为在学科与环境的关系方面不仅仅是顺从与制约，更重要的是与环境持续渗透和融合，学科的“遗传”信息量和组织功能通过不断吸收和输出能量与信息实现层级递进。② 新生态范式在发展方式上更强调内涵发展，注重一流学科与其他学科的共生关系与带动作用；在资源配置上实现动态平衡，打破人为设置的资源壁垒。学科成长中的变化如表 1 – 7 所示。

表 1 – 7　　学科成长中的变化

类型	学科范式	与环境关系	发展方式	资源配置
学科	依生范式	依赖	依附发展	重点配置
一流学科	新生态范式	互动	内涵发展	动态配置

① Eric A. Universities: British, Indian, African: a study in the ecology of higher education [M]. London: The Weldenfeld and Nicolson Press, 1966: 81.

② 郭树东. 研究型大学学科生态系统发展模型及仿真研究 [D]. 北京：北京交通大学，2009.

（三）制度学逻辑：从规范到规训的制度变迁

学科是知识分类的产物，但科学技术的创新和社会的需求有可能突破这个分类，① 因此，学科的发展需要制度来保障。制度的历史与人类社会发展的历史几乎同步，随着社会经济的高速发展，制度由最初规范个体行为到现在触及社会的各个领域，成为规训社会行为的准则和依据，遵循道格拉斯诺斯所说的“社会的博弈规则”。

对于学科制度来讲，法国思想家米歇尔·福柯（Michel Foucault）曾认为任何学科都是一种社会的规范，② 直到20世纪中期，世界体系理论的主要代表人伊曼纽·华勒斯坦（Immanuel Wallerstein）将“学科规训”首次呈现于他所著的《学科·知识·权力》一书中，强调了学科规训的两个方面——知识和权力。③ 一方面，学科知识与社会权力、利益体制不断达成“共谋”，使学科最初的知识和权力的双重存在方式发生了改变，学科规训作为知识和权力的统一体进而被持续赋予新的表征形式，对学科规训最初的书写、考试和评分等规训方式进行了变革与突破，不仅将规训方式运用到不同的实践场所，还拓展了规训的内容，满足了教育实践的时代需求；另一方面，通过教学规训培养学科新人和学术规训创新知识生产方式，使学科规训制度得以不断完善，一旦某个学科因拥有功能强大的规训制度安排而获得某种“层次”身份时，该学科便会成长为一流学科（见表1-8）。

---

① 马陆亭．一流学科建设的逻辑思考［J］．高等工程教育研究，2017（1）．

② 米歇尔·福柯．性经验史：第一卷［M］．佘碧平，译．上海：上海人民出版社，2016：82．

③ 华勒斯坦，等．学科·知识·权力［M］．刘健芝，等，译．北京：生活·读书·新知三联书店，1999．

表 1－8　　从规范到规训的制度变迁

学科类型	学科制度	与权力关系	秩序形成	组织方式
学科	学科规范	知识	自发秩序	合作
一流学科	学科规训	知识—权力	制度安排	交叉融合

从规范到规训是一流学科成长历程中一项重要的制度变迁，其中以规训方式的变革为主线贯穿一流学科的演化过程。接下来，学科规训制度的发展趋势就是不断优化现有的规训方式，进而形成支撑世界一流学科发展的一流制度。

三、世界一流学科成长逻辑的机理溯源

一流学科的成长源于内生动力和外生动力的协同推进。以生态学和制度学为分析视角，探索学科成长的内生动力（生态进化）和外生动力（制度优化）互促互融的关键要素和运行原理，追溯分析一流学科的成长机理。

（一）生态进化：一流学科成长的原生动力

1. 学科生态系统平衡与失衡的博弈

学科的多样性与发展性使学科生态始终处于平衡与失衡、共生与竞争的动态系统之中，其中平衡与失衡是在新生态范式下学科成长的进化方式。学科从知识群落到学科群，从“一般”到“一流”的演化过程始终与自身遗传信息及外部环境相互作用，是一个平衡与失衡博

弈的复杂进化历程。一方面，学科生态系统平衡中有失衡。学科生态系统通过一定的物质循环、信息传递和能量流动，达到一种协调统一的状态，但这种平衡是动态平衡，当出现知识创新或环境变化时，学科生态系统就会以优胜劣汰和学科交叉融合的方式打破平衡。另一方面，学科生态系统失衡促平衡。为使学科生态系统达到“帕累托最优”的状态，赫希曼的相互传递理论和弗农的梯度转移论都直接提出了失衡是学科发展的最优策略。① 只有使部分学科先“进化”为“一流”，才能对其他学科产生“渗透效应”，进而达到学科生态系统更高层次的平衡，实现学科的整体协调发展。

2. 学科从简单到复杂的进化

从生物学视角来诠释万物生长的本质都是由简单到复杂、由低级到高级的变迁过程，这改变了古希腊以来对万物简单性的价值追求，形成了基于竞争和选择而产生的更加复杂的系统。② 照此推断，学科的生长也必然经历由简单到复杂的进化过程，并且其中的复杂性呈不断增加的趋势。学科的复杂性不仅体现在自身结构的复杂变化，也体现在新型复杂的环境系统适应上。学科成长要改变过去由简单的线性数量叠加、封闭的依生发展范式为以开放、非线性和动态性为特色的新生态发展范式；同时，运用复杂性科学来探寻学科生长的内在机理，这样有助于突破束缚，使学科螺旋式成长至一流学科。因此，从简单向复杂的转变不仅呈现了系统从无序到有序的过程，更是学科生长的

① Hirschman, A O. The strategy of econmic development [M]. London: Yale University Press, 1961: 33 - 82.

② 盖尔曼．夸克与美洲豹：简单性和复杂性的奇遇［M］．杨建邺，李湘莲，等，译．长沙：湖南科学技术出版社，1999：231 - 235.

趋势与必然选择。

3. 学科自组织和环境嵌入的共生

“共生”概念源于希腊语，即为共同生存、协同进化的共生态。学科自诞生便是在自然成长中形成了知识群落，知识群落携带重组特性，因而学科具有一种自组织能力，且基本遵循“生成—成长—成熟—蜕变”的组织内在成长规律。群落基因重组和知识生长规律共生成为学科有序演进、自我发展并走向“一流”的内驱力。但随着知识体系的不断创新，学科的自我重组也在不断地与外界交换能量，实现学科生态结构与功能的重塑。外界环境的嵌入推动着自组织由单纯的基础知识创新转变为以国家需要为导向的知识创新，遵循着知识发展逻辑与国家需求逻辑形成的共生态逻辑的生长规律。因此，越是能够适应环境进行自我革新和重组重塑的学科，越是能形成具有“增长极”的学科，进而带动其他学科冲击世界一流。

（二）制度优化：一流学科成长的构建推力

1. 学科知识与权力的协同

克拉克认为“知识是通过世世代代累积起来的，是历史发展的产物，它们随时间迁移而发展”。[①] 从弗朗西斯·培根（Francis Bacon）的“知识就是力量”到赫伯特·斯宾塞（Herbert Spencer）的“科学知识最有价值”再到齐格蒙·鲍曼（Zygmunt Bauman）的“知识与权

---

① 伯顿·R. 克拉克. 高等教育系统——学术组织的跨国研究［M］. 王承绪，等，译. 杭州：杭州大学出版社，1994：15.

力的共生”，都从知识分类视角诠释了知识和权力融合的演进过程。以往研究表明，知识和权力是学科制度的应有之意。一方面，知识促进学科制度优化。新的知识生产模式和知识分类会带来学科理论体系和学科制度的变革。[①] 随着知识的不断更新与发展，学科制度逐渐优化，知识的每一次更新，均离一流学科所需的“一流”制度更近一步。另一方面，权力促进学科制度发展。权力在相当程度上是学科制度发展与优化的动力因素，国家、社会和高校等各类权力的交织决定着学科的分层。进一步说，学科制度是一种高度制度化的知识生产模式，高等学校和学术组织等各类学术共同体，掌握着各种资源和权力，左右着学科发展的方向和层次，这是社会控制和规训方式的一部分。这不仅说明了知识和权力是学科制度优化的关键因素，还明确了“学科、规训、建制”之间的关联，体现出了“学科规训制度”的内涵，通过学科知识与权力的有效协同，进一步优化“学科规训制度”，规约并推动着学科生长为一流学科。

2. 学科分化与融合的互动

知识的发展经历了一个由混沌的融合到不断分化再到跨越知识“边界”的创新融合的过程。在这个过程中，知识生产的秩序与边界不断被打破与重构，显示出强大的知识创新能力，使得学科在分化与融合中交替发展。知识的分化与融合是学科分化与跨越的基础，知识边界的突破与重构必然会引发学科生存及发展合法性问题，而学科规训制度是保障学科合法化生存和发展的基础。因此，一流学科的成长

---

① 迈克尔·吉本斯，卡米耶·利摩日，黑尔佳·诺沃提尼，等. 知识生产的新模式：当代社会科学和研究的动力［M］. 陈洪捷，沈文钦，等，译. 北京：北京大学出版社，2011：57.

要通过学科规训制度的不断优化取得合法性，同时也要借助学科制度的稳定性与知识发展的动态性矛盾的不断升级，来推动学科加速分化与交叉融合，“这种交织互动”的作用，也是学科成长、创新的一种强大驱动力。①

3. 学科制度化与去制度化的重构

学科制度化和去制度化是一流学科成长过程中最显著的一对矛盾。学科的制度化通过建构和建制形成稳定的组织形式，不仅确保学科的合法性和学科的成长，还能促进学科目标价值的实现。学科的去制度化则是打破原有的规则与路径，寻求新的形式与发展。从“制度化”到“去制度化”，学科建设与发展要避开“极端化”，即两种制度化体系的简单切换，而是要把握“融合度”，要根据知识生产方式、学科发展模式以及组织构建等要素进行“制度化”或“去制度化”的重构。学科规训制度是学科制度化的基础，制度化的外在形式围绕学科的内在知识生产和人才培养形成规训制度，并规约着学科的发展。随着一流学科的成长，传统的知识生产模式、学科界限的权力争夺以及研究范式的固化的弊端逐渐显露，学科制度化的某些因素已经与新时代发展的需求不适切，因此需要对其加以修正和调整，即学科去制度化，去制度化的过程并不是否定学科规训制度，恰恰相反，而是要为学科的特色化发展和一流学科的形成创造更有利条件。

① 金薇吟．克拉克知识与学科理论发微——兼论学科的分化与综合［J］．扬州大学学报（高教研究版），2004（5）．

第二章

一流学科建设的现状分析

自20世纪我国将一部分重点大学的发展定位投向世界以来，国家出台了一系列的决策部署和战略规划，在历史与时代的双重影响下，重点大学经过多次“迭代升级”和统筹兼顾，始终朝着建设世界一流大学的方向前进，“双一流”自建设之初不仅延续原“211工程”和“985工程”的特征，还加入了新时代发展的元素。

第一节　一流大学建设学科的现状分析

一、一流大学类型呈现梯队，覆盖深度与广度

“双一流”建设是继“211工程”和“985工程”之后，我国高等教育领域的又一国家重大战略。其中一流大学建设是“双一流”建设的重要内容，决定着“双一流”建设的深度和水平。一流大学建设最显著的特征便是A、B梯队建设。A类36所，全部是原“985工程”高校，强调高校质量的深度发展；B类6所，3所原“985工程”高校，3所新增高校，包括郑州大学、云南大学和新疆大学，进一步扩大了一流大学建设的受众面。一流大学A、B梯队设计的目的是为了激发建设活力，打破固化身份。

二、一流大学布局逐步优化，兼顾东部与中西部

一流大学建设是举全国之顶尖大学之力争创世界一流，受我国高校

历史发展的多种因素影响，一流大学建设的地域均衡性不是很突显。但自“双一流”建设以来，在一定程度上加入了均衡元素，与“985工程”相比，世界一流大学建设更加重视对中西部地区和人口大省高等教育重点建设的扶持，使一流大学区域布局结构有了明显的变化，主要表现在：第一，虽东部地区一流大学占比较高但新增大学明显倾向于中西部。在42所大学中，东部地区占比高达57.14%，在一流大学数量方面东部地区具有比较优势。但新晋一流大学的3所高校却十分抢眼，全部落在了中西部地区。第二，一流大学建设数量排前四的省份东部和中西部地区各占一半。一流大学建设数量排前四的省份依次是北京（8所）、上海（4所）、湖南（3所）与陕西（3所）。具体数据如表2-1所示。

表2-1　原“985工程”和一流大学区域数量对比　　单位：所

区域	原“985工程”高校	一流大学建设高校
东部	24	24
中部	8	9
西部	7	9
总计	39	42

三、一流大学学科分类明显，强调学科差异

一流大学建设的学科共97个，占“双一流”建设学科的89.81%；一流大学建设的学科入选频次共计330次，占“双一流”建设学科的70.97%，可见“双一流”建设学科的入选频次和入选种类大部分依靠一流大学建设的学科来支撑。一流大学建设学科根据其“身份属性”承载的信息和特征的不同呈现出明显的分类现象。第一，

学科平均入选次数呈明显的分类现象。一流大学建设的学科分布于人文社科和自然科学两大学科类属中。其中自然科学类平均入选次数为3.88次，人文社科类平均入选次数为2.43次，自然科学的学科入选率明显高于人文社科。第二，入选频次高于10次的学科集中在理工科。入选频次最高的学科分别是材料科学与工程（22种）、化学（21种）、计算机科学与技术（12种）、数学（12种）、生物学（11种），以上5个学科的入选频次共计78次，是超一流大学建设学科总频次的五分之一。进一步分析发现，这些出现频次高的学科所在高校在第四轮学科评估中的参评数量都大于150所，甚至最高达238所。这也说明了参评高校的多寡在一定程度上能够影响学科入选率。第三，理工类学科入选率高于人文社科类。不仅学科入选率排名前五的集中在理学和工学门类，而且理学的入选率（7.81%），以及工学（4.74%）、医学（4.69%）和农学（3.26%）的入选率都明显高于人文社科（2.75%）、管理学（2.49%）和艺术学（1.12%）。① 第四，学科入选的覆盖率差异大。覆盖率越大说明一流大学的入选学科越具有代表性。从占比上来看，一流大学入选学科覆盖率最高的是管理学（90.48%），其次是理学（76.70%），最低的是艺术学（38.46%）。一流大学建设学科入选种类和频次如表2-2所示。

表2-2 一流大学建设学科入选种类和频次

学科	人文社科	理学	工学	农学	医学	管理学	艺术学
入选种类（种）	21	14	35	9	7	7	4
入选频次（次）	54	79	135	12	26	19	5
学科入选率	2.75%	7.81%	4.74%	3.26%	4.69%	2.49%	1.12%

① 因各学科参评的一流大学总量未知，因此用各学科参评的高校总数来替代。

四、一流大学学科分布不均，凸显区域差异

学科是世界一流大学建设的基础，拥有一批世界一流学科是获得国际认可的前提，但我国东中西部地区学科分布差异明显，主要体现在：第一，一流大学建设的学科区域分布相差悬殊。在一流大学建设的330个学科中，东部地区占比高达73.9%，而中部仅占比16.7%，西部更少，为9.4%。第二，入选一流大学建设学科最多的高校存在区域差异。入选一流大学建设学科大于10个的高校共12所，其中10所都集中在东部地区，2所在中部地区。由此可见，在一流大学建设中，我国高等教育整体水平呈现“东部强，中西部弱”的状态，中西部地区的学科竞争力不及东部地区。

第二节 “双一流”建设学科的现状分析

学科作为高等教育这一具有社会属性的系统组织的基本单元，会受到高等教育基于各院校相互竞争和由政府分配给各院校一定的资源、权利和特权的两种形成分层的基本逻辑的影响，[①] 在高等教育系统中呈现分层现象。

---

① 伯顿·克拉克．高等教育新论——多学科的研究［M］．王承绪，等，译．杭州：浙江教育出版社．2001：169.

一、“双一流”建设中的学科分层现状

（一）“双一流”建设中的学科区域分层

不同地区的高等教育会按照外部环境尤其是国家政策和内部运行规律发生布局变化并会在一定时期内表现出继承性特征，在各区域中呈现明显的分层现象。

一流学科是一流大学建设的逻辑起点，拥有一批一流学科是认定一流大学的重要基础。在“双一流”建设的140所高校中，东部地区占比高达62.14%，中部占比17.86%，西部占比20%。与“211工程”和“985工程”大学在三大地区分布情况呈现较高相似性。在原先“985工程”和“211工程”大学基础上新增的25所“双非”高校中，东部占比84%，中部占比4%，西部占比12%。在38个学科未达到国家一流学科建设标准，但具有一流学科建设资质且确定上报国家批准的自定学科高校中，东部地区占比42.11%，中部占比21.1%，西部占比36.79%；自定学科高校在区域“双一流”建设高校中的占比分别为18%、32%和50%。在此次建设的465个学科中，东部地区占比最高，达到71.18%，中部地区占比17.85%，西部地区占比10.97%。在不同地区“双一流”高校的一流学科平均入选数上，东部地区高校为3.8个，中部为3.32个，西部为1.82个。由此可见，在“双一流”建设中一流学科和一流高校在区域中的分布呈现明显的分层现象，东部一流学科和一流高校明显多于中西部地区。

单独来看，从“双一流”建设名单中可以看出，一流学科建设高校共98所，其中所属一流学科共135个，东部占64.4%，中部占20.7%，西部14.9%（目前云南和甘肃还没有一流学科建设高校），“双一流”建设中的这种学科区域分层将会对我国区域协调发展战略和高等教育公平的实现产生影响（见表2-3）。

表2-3 “双一流”建设中高校和学科在三大地区的分布情况

区域	“双一流”大学数量（所）	“双一流”大学学科数量（个）	一流学科占比	单位高校入选学科数（个）
东部	87	331	73.7%	3.8
中部	25	83	66.3%	3.32
西部	28	51	60.8%	1.82

（二）“双一流”建设中的学科属性分层

社会分层强调的是呈现结构性的社会差异，即不同群体由于既定的“身份属性”在系统中呈现出的具有客观性的差异。学科作为高等教育组织的基本组成，其“身份属性”可以依据学科研究对象的特征划分为自然科学、人文科学和社会科学等，依据学科的内在规律划分为理、工、农、医等13个学科门类，也可以依据学科门类划分为符合科学诉求“谱系式”多元学科体系中的具体学科。在“双一流”建设中，不同学科类属、学科门类和具体学科分别以学科“身份属性”为界限呈现较为明显的群际分层现象。

首先，各学科类属和学科门类以入选次数和入选概率形式呈现明显的学科分层。入选“双一流”建设的学科共计108个，建设频次共计465次，分布于人文社科、理学和工学等7个学科类属中。其中自然学科74个，建设数量359个，平均学科入选次数4.85次；人文社科 34 个，建设数量 106 个，平均学科入选次数 3.12 次，自然科学的学科入选率明显高于人文社科。为了进一步体现学科群际间的分层现象，以第四轮学科评估结果公布的结构为依据，以各学科参评高校数量和“双一流”学科入选数量为数据样本，分析各学科的“双一流”入选率，发现理学的入选率最高（10.18%），工学（6.66%）、农学（7.17%）和医学（7.58%）明显高于人文社科（3.89%）、管理学（2.78%）和艺术学（3.36%）。其次，各学科以入选次数和入选概率呈现明显的分层现象。在“双一流”建设学科中，入选频次高于 10 次的学科有 7 个，分别是材料科学与工程（30 次）、化学（25 次）、生物学（16 次）、计算机科学与技术（14 次）、数学（14 次）、生态学（11 次）和机械工程（10 次），以上学科的入选频次共计 120 次，占“双一流”建设学科总频次的 25.81%。另外，在各学科的入选率上，地质学入选率最高，达到 27.27%，其次为矿业工程 21.43%、中药学 13.95%、水产 10.52%，而入选率较低学有公共管理 1.39%、教育学 1.98%、设计学 2.21%、光学工程 2.5%、护理学 3.39%。“双一流”建设学科入选种类和频次如表 2－4 所示。

表 2－4　“双一流”建设学科入选种类和频次

学科	入选种类（种）	入选频次（次）	学科入选率
人文社科	23	74	3.89%
理学	14	103	10.18%
工学	39	188	6.66%
农学	10	24	7.17%
医学	9	42	7.58%
管理学	7	21	2.78%
艺术学	6	13	3.36%

由此可见，在“双一流”建设中，不同学科类属、学科门类和学科之间在入选次数和入选概率上均存在一定的差距。“双一流”建设中呈现的学科分层现象将会对我国一定时期高校的学科调整和院系重新整合产生较大的影响。

二、一流学科建设高校的现状分析

一流学科建设高校覆盖全国29个省份（云南省、甘肃省除外，台湾省、香港特别行政区、澳门特别行政区不在统计范围内），其中东部占37.9%，中部占27.6%，西部占34.5%，和一流大学相比，一流学科建设高校更多关注到各省属高水平大学的发展和区域均衡。从总体数量及占比看，这98所一流学科建设高校仅占全国普通本科高校总数的7%，所占比例很低，说明一流学科建设高校的入选率也是很低的。从入选高校的数量来看，东部地区入选数量仍最多，共有63所高校入选，占入选高校总数的64.3%；其次是西部地区，共有19所高校入选，占比为19.39%；中部地区共有16所高校入选，占比为16.33%。

从各省入选一流学科建设高校的情况来看，入选前三甲分别是北京、江苏、上海。北京以26所一流学科建设高校在各省市中遥遥领先，一流学科建设高校的四分之一分布在北京，进一步反映了北京高校的学科发展在全国高校中的优势地位。其次是江苏，共有13所高校入选，占所有一流学科建设高校总数的13.27%。再次是上海，入选10所，占比10.20%。一流学科建设高校在区域、各省份分布及占比如表2-5所示。

表 2-5　　一流学科建设高校在区域、各省份分布及占比

省份	一流学科高校数量（所）	占比（%）
北京	26	26.53
天津	3	3.06
河北	1	1.02
山西	1	1.02
内蒙古	1	1.02
辽宁	2	2.04
吉林	2	2.04
黑龙江	3	3.06
上海	10	10.20
江苏	13	13.27
浙江	2	2.04
安徽	2	2.04
福建	1	1.02
江西	1	1.02
山东	1	1.02
河南	1	1.02
湖北	5	5.10
湖南	1	1.02
广东	3	3.06
广西	1	1.02
海南	1	1.02
重庆	1	1.02
四川	6	6.12
贵州	1	1.02
西藏	1	1.02
陕西	5	5.10
青海	1	1.02
宁夏	1	1.02
新疆	1	1.02

98 所一流学科建设高校中包括 11 种类型的高校，其中理工院校数量最多，共有 29 所，占比 30.53%；其次是综合大学，共有 22 所，占比 23.16%；再次是医药院校，共有 11 所入选，占比 11.58%；这三类院校占一流学科建设高校总数的 65.26%，接近三分之二。

三、“双一流”建设的主要特征

在高等教育大众化向普及化阶段转换的过程中、在《国家中长期教育改革和发展规划纲要（2010—2020 年）》实施的中期提出“双一流”建设，可谓具有重大的历史意义，这既是过去的延续与传承，也是新时代的创新与开拓。因此站在新的历史起点上，“双一流”建设特别是一流大学建设有其时代特征和发展特点。

（一）从“具有世界一流”到“世界一流”，提升大学整体竞争力

从“985 工程”这一战略决策的提出到《“双一流”建设成效评价办法（试行）》的出台，高等教育历经了由精英化到大众化再到普及化发展阶段的历史变迁，一流大学的内涵也承载了时代的要求，进而将建设一流大学的表述由“建设具有世界先进水平的一流大学”改成了“建设世界一流大学”，从表面上看，这只是文字表述的区别，但实质上却说明了高等教育发展已从“尝试摸索阶段”进化到“高等教育高质量发展新阶段”，体现了对我国近二十年来高等教育重大实践成果的高度概括，显示出我国高等教育从国内一流冲刺世界一流的

信心与底气，彰显了中国自信。

（二）从“重点学科”到“一流学科”，增强优势学科实力

从“国内顶尖水平的国家重点学科”到“推动学科进入世界一流行列或前列”，可以明显地看出这是推进学科质量提升的现实要求。第一，从时间节点来看，国务院2014年取消了教育部的国家重点学科审批，而2015年“双一流”建设的起航，为一流学科的建设勾画了蓝图，两者无缝链接显示出学科建设在持续向前推进。第二，从内涵上来看，国家重点学科致力于与国家战略、重大需求相关联的学科发展，代表该学科领域在国内处于领先地位。历经30多年发展，已在大众心中形成了品牌效应。与国家重点学科相比，一流大学的学科建设质量更高远，代表高校在该学科领域的科研水平和综合实力在世界上处于领先水平的状态。第三，从数量上来看，一流学科和国家重点一级学科名单存在高度重合，其中有7所一流大学的学科来自于该校全部国家重点一级学科，有21所一流大学的学科来自于该校半数以上国家重点一级学科。可见，近七成一流大学的学科在原国家重点学科的基础上实现层级递进及质量跃升，这也是一流学科能够冲出“国际线”和冲顶世界一流水平的根本原因。

（三）从“分层为主”到“分类为主”，引导一流大学特色发展

从重点大学到“211工程”“985工程”，我国高等教育重点建设思路一直在持续，这种重点建设的政策导向，使得所有大学甚至是一

流大学都在追求更高层次办学，由此形成了一个围绕学科建设和科研绩效的多层套嵌的院校办学层次竞争体系。① 整体来说，进入世界一流大学建设名单的高校虽已经处于国内高校的前列，但却没有形成鲜明的办学特色，也没有凝聚成同类型院校的发展合力。2015 年《统筹推进世界一流大学和一流学科建设总体方案》落地，强调支持不同类型的高水平大学和学科差别化发展，实行分类建设。而后《中华人民共和国国民经济和社会发展第十四个五年规划和 2035 年远景目标纲要》再次强调："分类建设一流大学和一流学科，支持发展高水平研究型大学。"至此，世界一流大学建设要改变以"分层为主"的纵向层级发展为以"分类为主"的横向特色发展，使不同区域、不同类型的一流大学精准定位，形成梯队发展，并在各自领域范围都能冲顶世界一流，而不是互相盲目攀大求全，这也是"双一流"建设的初衷。

（四）从"东部扩张"到"适度西倾"，优化区域高校布局

从一流大学赶海似的"东部扩张"到一流大学建设名单的"适度西倾"，这不仅是国家高等教育政策的再度倾斜，更是落到实处的一记重拳。目前，我国本科高等院校共 1270 所，一流大学仅有 42 所，并且其中大部分都集中在东部地区。有学者研究，无论东部还是中西部地区的一流大学都会到东部发达地区设分校区、建研究生院以进一步扩大办学规模，增强综合实力。甚至在教育部异地办学政策明确收紧的前提下，一流大学仍没有停止"东扩"行为。② 因此，国家通过

① 张应强，周钦．"双一流"建设背景下的高校分类分层建设和特色发展［J］．大学教育学，2020（1）：14－21.

② 卢彩晨，廖霞．我国"双一流"建设高校扩张模式与区域走向研究——基于区域经济发展的视角［J］．中国高教研究，2020（12）：34－40.

"双一流"建设提高了中西部地区一流大学及一流大学建设学科的区域占比，更重要的是给予了中西部地区大学特别是没有进入世界一流大学建设的10个省份"入驻"高等教育"第一方阵"的期望和信心。

值得注意的是，关于世界一流学科的特征，学界至今尚未形成共识。洪成文认为，高端人才、重大人文和科技成果、稳定而广泛的同行认同，三位一体即"一流学科"。也有学者认为，打造一流学科的最重要的三个必要条件是：一流的师资、一流的学生和一流的课程设置。[①] 冯用军、赵雪认为世界一流学科是世界大学集团中各大学内最有特色、最有优势、最有成就的学科群域，是拥有一流学者队伍、一流学生质量、一流科技成果、一流学术声誉、一流社会服务、一流国际影响的学科聚合。[②] 综合已有研究，本书认为世界一流学科是一个相对概念，具有比较性质，若某所大学某学科达到世界一流，它必须在全球处于领先地位，所研究的问题为国际同行所关注并认可，研究水平达到世界先进水平，研究成果广泛服务于全球经济发展或对学科内部知识谱系的更新具有重要作用。

第三节　"双一流"建设的经费分析

提高教育质量是党中央站在如期全面建成小康社会战略全局高度作出的重大战略部署；建设世界一流大学和一流学科是提高教育质量

---

① 洪成文．学科调整要符合知识、市场、教育逻辑．(2018－03－05)［2020－08－17］．https：//fzh. imau. edu. cn/info/1011/1888htm.

② 冯用军，赵雪．中国"双一流"战略：概念框架、分类特征和评估标准［J］．现代教育管理，2018，(01)：12－18.

的重大战略举措，也是一项长期的重大战略任务。要以学科建设为着力点，支持高水平大学和学科保持领先水平、争创一流，推动若干所大学达到国际知名、国内领先，增强高等学校的综合实力和学科竞争力。自《世界一流大学和世界一流学科建设高校及建设学科名单》发布以后，各一流大学和一流学科纷纷出台《一流大学和一流学科建设专项资金管理办法》，无论是一流学科建设大学的发展还是经费收支，一流学科都离不开一流大学的支撑与影响。因此，相对于可比性及可行性来说，先介绍一下一流大学经费收支情况。

一、一流大学经费收支情况

教育经费是一流大学可持续发展的基本保障，在《高等学校信息公开事项清单》发布之后，一流大学便逐渐向社会公开了财务预决算等经费数据，使一流大学的教育经费公开透明化。本书对42所一流大学的财务预决算信息进行整理后，发现仅26所高校完整发布了2016—2019年的财务预决算情况以及2020年的预算情况，占一流大学总数的61.9%。2016—2019年，一流大学收支总预算从1786.82亿元增长到2511.65亿元，增长了40.57%，其中中国农业大学、吉林大学和中南大学增长速度挺进前三；2016—2019年，一流大学收支总决算从2054.36亿元增长到2719.57亿元，增长了32.38%，其中东南大学、西安交通大学和湖南大学增长速度排进前三。

总体来看，一流大学教育经费的持续走高，反映出国家对高水平大学发展和创新性人才培养的重视。但同是世界一流大学，各高校的教育总经费差距却很大。清华大学最多，达322亿元；浙江大学次之，为 224 亿元；北京大学 211 亿元居第三位。而东北大学、兰州大学和湖南大学的教育总经费列为后三位，教育经费最多的院校是最低院校的 6 倍，相差悬殊。2020 年一流大学教育总经费情况如图 2－1 所示。

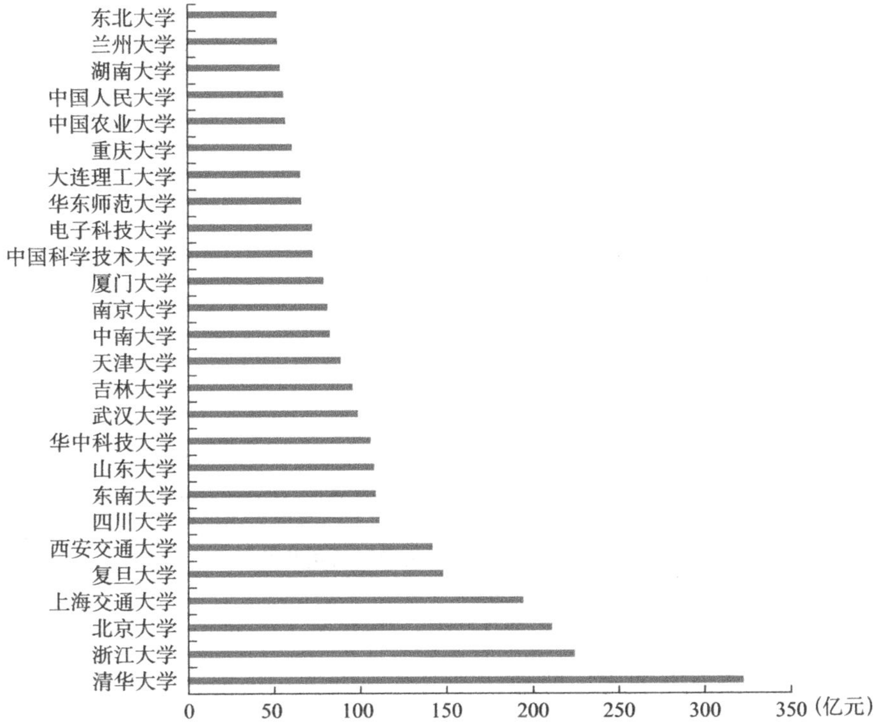

图 2－1　2020 年一流大学教育总经费情况

其中，财政拨款最多的是北京大学、清华大学、吉林大学，分别达 48.1 亿元、46.1 亿元和 36.2 亿元。财政拨款最少的是中国农业大学 13.49 亿元、湖南大学 15.89 亿元、电子科技大学 16.19 亿元，最多与最少相差 4 倍多。2020 年一流大学财政拨款情况如图 2－2 所示。

从图 2－3 可以看出，财政拨款的占比最高的是武汉大学、吉林大学、兰州大学均已超过 50%。过多依赖政府拨款的收入结构，不仅使高校难以摆脱规模化扩张诱惑，久而久之也造成了高校自我筹资意识

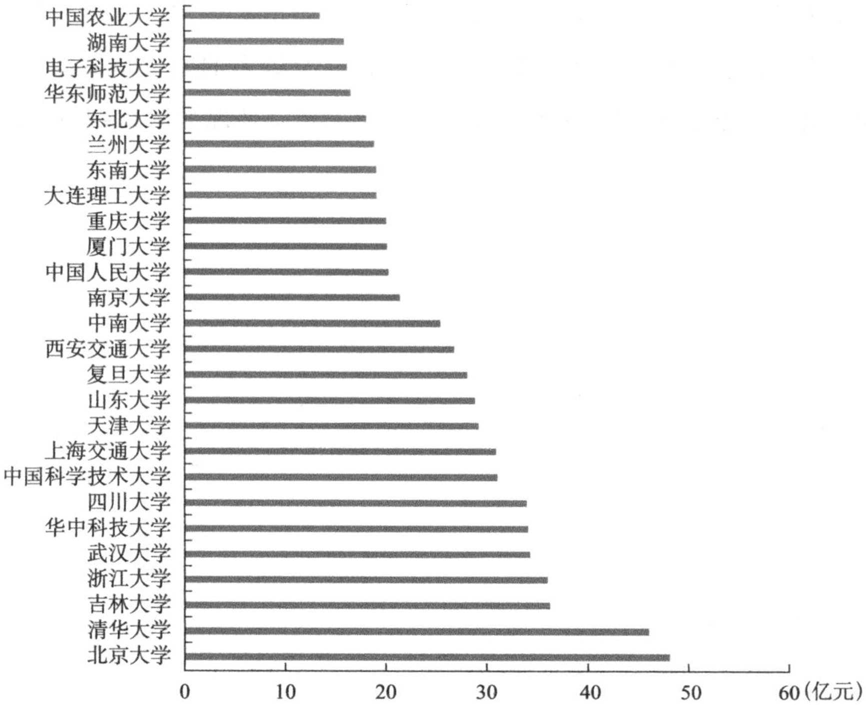

图 2-2　2020 年一流大学财政拨款情况

和能力的薄弱。其实，早在 2015 年，国务院下发的“双一流”建设方案以及后来教育部等三部委印发的实施办法，也都一致要求“双一流”建设高校要积极争取社会各方资源，形成多元支持的长效机制。2020 年一流大学财政拨款占比情况如图 2-3 所示。

随着我国经济步入新常态、国家减税政策的实施，政府对高校财政投入的增长幅度开始有所减缓。事实上，今后我们必须接受的一个现实：仅仅依靠国家财政投入，已越来越难以维持一个办学成本和入学人数都在不断增加的庞大公立高等教育机构。这种状况的存在，将会使高校长期面临办学经费短缺的风险。根据 2020 年 26 所世界一流大学公布的年度财务预算数据，约 40% 高校的年度支出超出年度收入。也就是说，虽然政府近年来对高等教育的投入力度很大，但实际

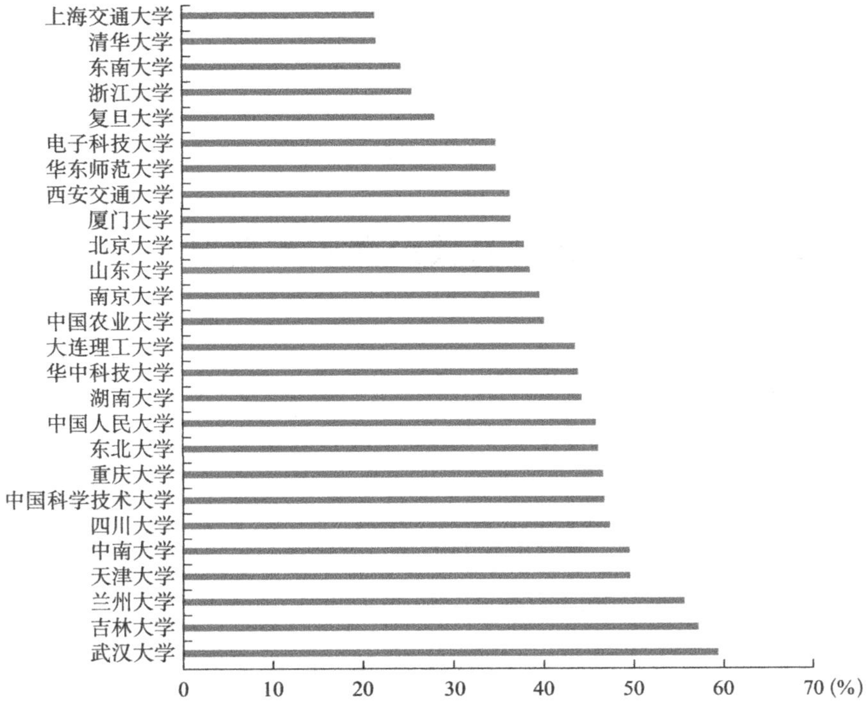

图 2－3　2020 年一流大学财政拨款占比情况

上大学仍然缺钱。今后除非高校的财政收入能快速增加，否则绝大多数高校都将要面对经费短缺局面。目前，公立高校的政府财政拨款占比大都在 40% 以上，一些年份还达到近 60%，即便是办学实力较强的“双一流”建设高校也是如此。据教育部统计数据，一流大学的教育经费的财政拨款大都占比 40%～60%。

一流大学在“有米可炊”的同时还要“杜绝浪费”，因此有必要对预算和决算收支差异的精度进行检测。通过测算 26 所一流大学 2018 年和 2019 年的预决算数据可知，其中有 10 所一流大学预算收入精度提高，提高最多的是重庆大学、中国科学技术大学、华中科技大学；而 10 所一流大学的支出精度也有所提高，提高最多的是天津大学、中国农业大学、西安交通大学。一流大学收支精度的提高，有利于一流大学教育经费的合理、有效使用，但需要注意的是防止经费预决算两极分化现象的出现。

二、一流学科建设高校经费收支情况

一流学科建设大学共95所，笔者对入选学科大于2个的23所高校（北京协和医学院未搜集到）2020年决算数据进行分析。

一流学科建设大学的入选学科个数2～6个不等，各高校之间的教育总经费差距很大，西安电子科技大学经费最多，为50.6亿元，其次是北京科技大学（46.1亿元）、河海大学（44.5亿元）、中国石油大学（华东）（43.2亿元），均超过40亿元。而中央美术学院和上海中医药大学两所高校均只达到10亿元，也是这23所高校中最低的。最高院校的教育经费是最低院校的5倍，相差悬殊。2020年一流学科建设高校教育总经费情况如图2－4所示。

其中，财政拨款最高的是中国科学院大学达25.2亿元。财政拨款最少的是中央美术学院，最高与最低相差4倍多（见图2－5）。

从图2－6可以看出，与一流大学相比，一流学科建设高校的财政拨款的占比非常高，最高的达78.3%，而最低的高校占比也超过了30%，一流学科建设高校的财政拨款均值高于一流大学超10个百分点。要改变这种现状，高校尤其是“双一流”建设高校就必须克服单一向度的财政收入依赖，注重从除政府以外的其他渠道获取办学资金，即走财政来源多样化的道路。这样不仅能给高校带来财务收入总额的增加，使高校拥有稳定可靠的办学经费，还能使高校降低单一依靠某

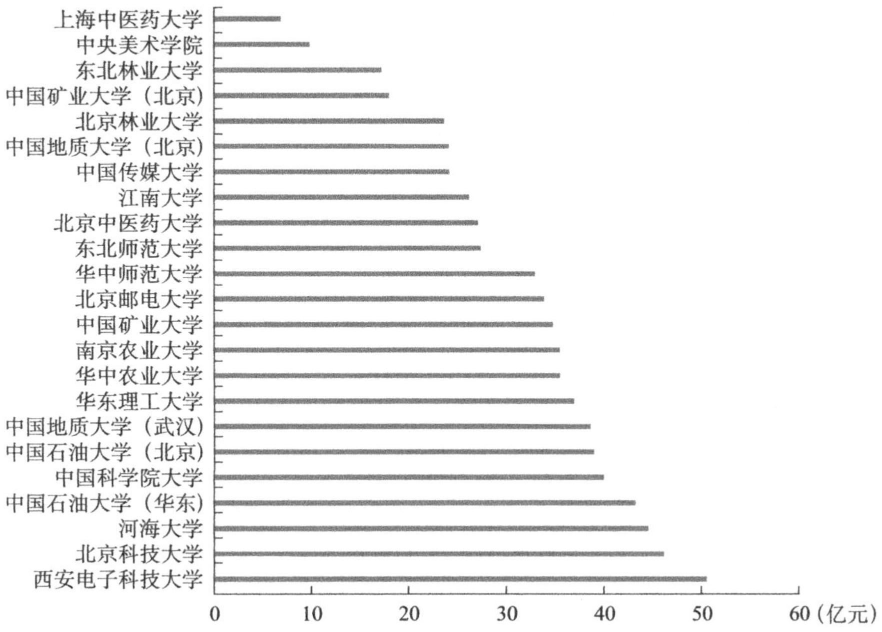

图 2－4　2020 年一流学科建设高校教育总经费情况

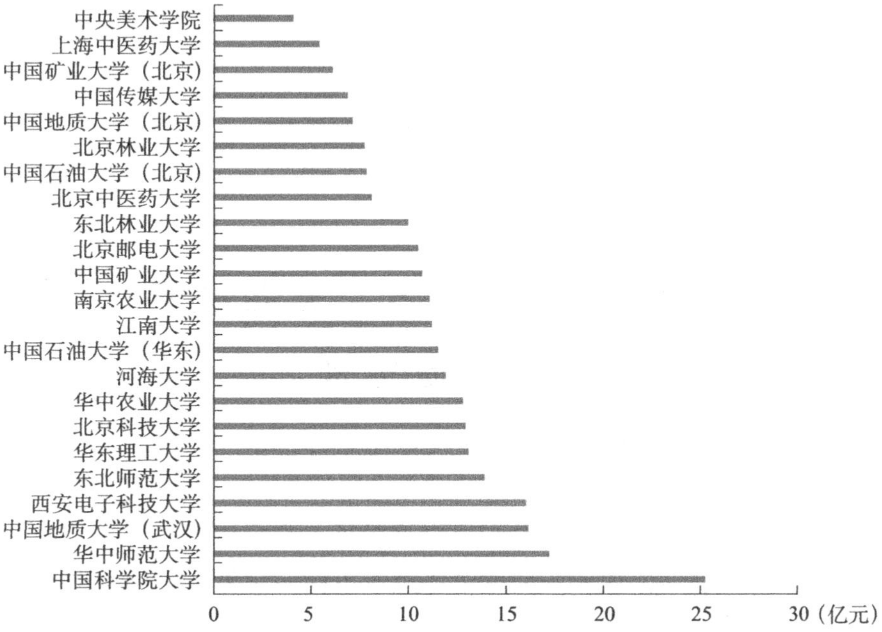

图 2－5　2020 年一流学科建设高校财政拨款情况

一项或几项收入所带来的财务风险。更为重要的是，能使高校可以掌控的财政收入增加，进而可以增强高校办学的自主性和开拓精神。

2020 年一流学科建设高校财政拨款占比情况如图 2 – 6 所示。

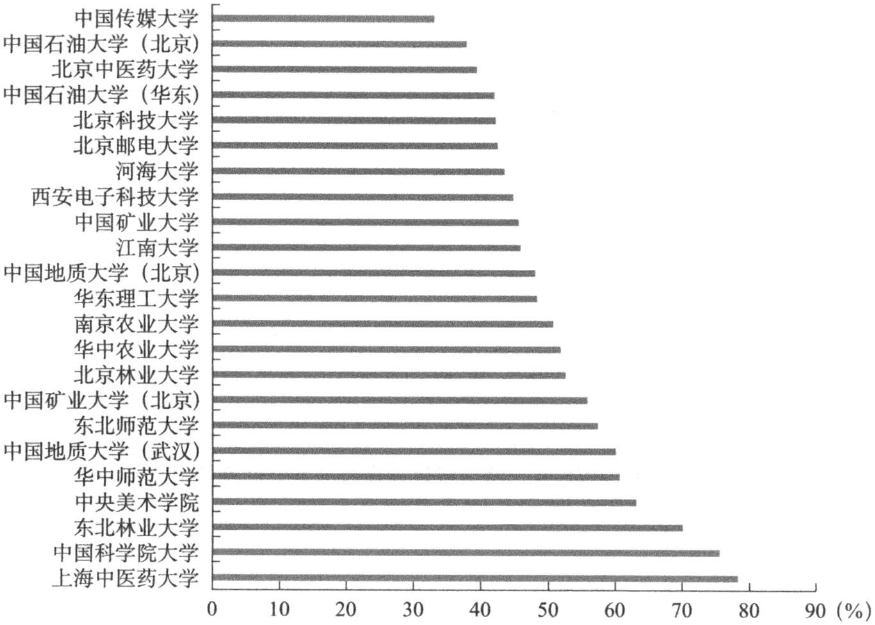

图 2 – 6　2020 年一流学科建设高校财政拨款占比情况

第四节　“双一流”建设经费投入的思考

学科建设主体既包括政府，又包括高校、学科、专业及学术个体，还包括市场与社会，由于不同的主体有着不同的价值取向与文化心理，他们在学科建设过程中有着不同的行动逻辑，体现了不同的政策取向和利益诉求，这些不同政策取向和利益诉求导致学科经费投入易陷入效率和公平间、优势与一般间、局部与整体间的决策困境，进而影响学科发展定位与学科经费投入结构优化、经费投入使用效益提升，最终影响地方高水平大学学科建设水平提升、学科“一流”突破和学科“高峰”建设。

一、学科内经费投入决策在局部与整体上的选择困境

学科建设贯穿着人才培养、科学研究、社会服务等，涉及学校、学院、学科、专业以及教师等各层面，包括人才引进、设备设施建设等，不同的学科有着不同的发展阶段和水平，有着不同的建设投入重点，需要从学校发展整体和学科发展个体特点进行统筹考虑。高校作为多利益主体的学术组织，如何加强学科经费投入在局部与整体间协调一致的绩效管理尤为重要。但目前部分学校仍存在将学科建设视为科研范畴的问题，相应的学科建设投入基本都转化为科研建设投入，包括科研平台、科研设备等硬环境建设投入，出现较为严重的重科研轻教学问题，一定程度上弱化了学科建设应包含的人才培养投入，导致人才培养质量降低。同时，高校还普遍存在硬件设施重复投入、设备闲置等现象，进一步造成学科经费投入上的整体不足和局部浪费并存现象。如何科学地确定重点投入学科和不同学科的重点投入方向，包括投入结构，将是解决学科经费投入决策的困境之一。

综上，在高等教育内涵式发展要求和国家“双一流”建设战

略需求下，地方高水平大学学科经费投入所面临的决策困境，是新时代、新问题、新要求和新挑战背景下，如何通过创新变革优化学科经费投入结构，保障、适应和促进学科发展，实现学科人才培养、科学研究、社会服务与文化传承高质量发展，呼应国家“双一流”建设战略需求，更好服务区域经济社会发展需要迫切解决的难题。

二、学科经费投入决策在效率与公平间的选择困境

高水平大学作为高等院校的“质量保障者”，为主动应对国家社会对高等教育规模扩张的需求，不断扩大办学规模，导致部分大学逐渐从原行业性、单学科、特色高水平大学向综合性大学转变，特色不特、特色不强的问题逐渐显现，其原因之一就是学科经费投入决策陷入效率优先或公平优先的选择困境。政府出于政策的综合性考虑，在学科建设方面为保持不同层次高校、不同地理区域高校间的均衡性，多个高校的相同学科均获得优势学科支持，出现了学校间的均衡与学科间的效率矛盾问题，缺乏校级层面的比较优势考量，从而造成政策支持总是在重点投入和均衡发展、规模发展之间左右摇摆，导致学科经费投入的碎片化、分散化、短期性频发，最终结果是学科经费投入往往公平有余而效率不足。而在国家“双一流”建设战略下，基于效率优先的“高峰”学科建设经费集中投入尤为重要，特别是对于着力打造“高峰”学科、冲击“一流”学科的高水平大学。

第五节　“双一流”建设方案的状况分析

世界一流大学和世界一流学科建设高校及建设学科名单公布之后，各省份“双一流”建设方案也逐一出炉，从已经公布的建设方案可知，各省份在通盘研究大学整体和长远发展的基础上，对一流大学和一流学科建设的近期、中期和远期的目标和举措进行了周密的顶层设计，并且结合各地的社会经济发展情况进行部署和思考（见表 2 -6）。

表 2 -6　　各省份“双一流”建设方案摘要

省份	总体目标	经费支持
北京	集中力量建设 20 个左右的高精尖中心，实施 50 个左右的高精尖项目	市财政设立专项资金，对经批准认定的高精尖中心给予持续稳定支持，5 年为一个建设周期，每年每个中心给予 5000 万元至 1 亿元，周期总额度原则上不调整
河北	到 2020 年，3 所左右大学达到或接近国家一流大学水平，一批学科进入国家一流学科行列，个别学科进入世界一流学科行列。到 2030 年，若干所大学进入国家一流大学行列，更多学科进入国家一流学科行列，10 个左右学科进入世界一流学科行列。到 21 世纪中叶，有高等学校达到或接近世界一流大学水平，更多学科进入世界一流学科行列	“十三五”期间每年增设一流大学和一流学科专项资金 5 亿元给予支持，连续 5 年，总计 25 亿元。中央财政通过支持地方高等学校发展的相关资金给予地方高校引导与支持

续表

省份	总体目标	经费支持
天津	1. 支持南开大学、天津大学建设世界一流大学。到 2020 年，进入世界知名大学前列；到 2030 年，进入世界一流大学行列 2. 支持天津医科大学、天津工业大学、天津中医药大学建设世界一流学科。2017 年，支持天津医科大学肿瘤医学学科群、天津工业大学现代纺织学科群、天津中医药大学中药学科群入选国家层面一流学科；到 2020 年，3 所高校国家层面一流学科（群）达到国内一流学科领先水平，若干学科进入国内一流学科建设行列；到 2030 年，3 所高校力争建成世界一流学科，若干学科进入国内一流学科领先水平	用好共建高校专项资金，支持南开大学、天津大学建设世界一流大学和一流学科，支持中国民航大学、河北工业大学共建高水平特色大学。对进入国家层面的一流大学和一流学科建设高校行列的，按国家有关要求给予配套资金支持。支持天津中德应用技术大学建设世界一流应用技术大学，支持高职院校建设世界先进水平职业院校和优质专业（群）
江苏	到 2020 年，15 所以上高校进入全国百强，其中 10 所左右高校进入前 50 名；支持若干所大学进入国家层面开展的世界一流大学建设行列。全国学科评估中，排名第一的学科数不低于全国总数的 10%；100 个左右学科进入基本科学指标数据库（ESI）全球同类学科前 1%；进入国家层面开展的一流学科建设行列的学科数不低于全国总数的 10%。到 2030 年，支持 2 所左右大学和一批学科进入世界一流行列。到本世纪中叶，江苏高等教育竞争力和影响力进一步显现，更多的大学和学科进入世界一流行列	省有关部门和高校要着眼于内涵发展，采取精准式“滴灌”，加大投资于人的力度，提高经费使用效益。高校要完善政府、社会、学校相结合的投入机制，拓宽筹资渠道，挖掘内部潜力，吸引社会捐赠，扩大社会合作，健全社会支持长效机制，多渠道汇聚资源，增强自我发展能力
上海	1. 到 2020 年，努力使上海高等学校学科整体实力达到一个新水平，力争 20 个左右的一级学科点和一批学科方向达到国际一流水平；使 180 个左右一级学科点跻身国内学科排名前 20%，	2014—2017 年第一个建设阶段，市级财政预计投入 36 亿元，其中相当一部分用于教师队伍建设；2017—2020 年第二个建设阶段，市级财政继续加大对“高峰”。“高

续表

省份	总体目标	经费支持
上海	且这些一级学科点中至少有 1～2 个二级学科或方向达到国际先进、国内一流水平 2. 实现《上海市中长期教育改革和发展规划纲要（2014—2020 年）》提出的“重点建设 20 个学科，努力冲击国际一流水平；重点建设 200 个学科，使之逐步成为国际先进、国内一流学科”的目标任务	原”学科建设的投入力度，确保规划目标顺利实现
广东	到 2020 年，重点建设高校综合实力排名大幅提升，达到或接近同类型“985 工程”高校水平，或进入国家一流大学建设范围。每所高校进入 ESI 学科排名前 1‰或教育部学科评估排名前三名的数量有所增加，较重点建设前至少新增 3 个以上学科领域进入 ESI 世界排名前 1% 或 5 个以上学科进入教育部学科评估排名前 10%；到 2020 年，重点建设项目所依托主干学科的排名进入 ESI 学科排名前 1‰或进入 ESI 世界排名前 1%，进入教育部学科评估排名前三名或前 10%，已进入的排位明显上升或进入国家一流学科建设范围。到 2030 年，重点建设高校和重点建设项目总体上实现国内一流、世界知名	2015—2017 年，广东省财政安排“高水平大学建设专项资金”共 50 亿元，支持重点建设高校 5 所左右，重点建设项目 15 项左右
海南	2020 年，5 个及以上学科进入国内一流学科的行列，ESI 排名进入前 1% 或在全国学科评估排名中进入前 10 名。15 个左右的学科在服务海南经济社会发展、对接海南“12 + 1”重点行业、引领海南产业结构调整中发挥重大作用	完善政府、社会、学校相结合的多方共建机制，形成多元投入格局。加大财政投入力度，积极统筹各方面资金，支持和推进高水平大学和一流学科建设积极争取国家相关项目对海南省高校的投入和支持。提高高校生均财政拨款水平，健全教育成本分担机制，合理调整学费标准

续表

省份	总体目标	经费支持
浙江	实施高水平大学建设计划。支持浙江大学和中国美术学院建设世界一流大学。到2020年，力争全省高等教育竞争力和综合实力列全国前6位，10所左右本科高校在全国同类型高校中处于前列。实施“一流学科建设工程”。到2020年，有40个左右学科进入全国前10%，100个左右学科进入全国前30%；争取省属高校ESI取得前1‰突破，一批学科进入ESI全球前1%，若干学科名列全国前3位	加大财政投入，完善绩效拨款制度，确保财政对高校拨款标准逐步提高。到2016年，普通本科院校生均财政经费达到全国领先水平。到2017年，全省高职高专院校生均财政经费水平不低于本科院校水平，市属高校生均财政经费不低于省属同类院校水平
辽宁	到2020年，大连理工大学、东北大学学科建设水平进一步提升，综合办学实力和国际影响力明显增强，为冲击世界一流大学打下坚实基础；5所省属高校进入全国高水平大学行列，5所进入行业领先研究应用型大学行列，5所成为全国知名的高水平应用型大学。5个学科达到世界一流水平，30个左右学科达到全国一流水平，50个左右学科形成为辽宁老工业基地新一轮全面振兴起到支撑作用的优势特色学科	采取有效措施积极支持部（委）属高校开展世界一流大学和一流学科建设，积极争取中央财政和中央基本建设投资对辽宁一流大学和一流学科建设的支持力度。进一步完善政府、社会、学校相结合的共建机制，形成多元投入、合力支持的格局。鼓励有关部门和行业企业积极参与一流大学和一流学科建设，围绕培养所需人才、解决重大瓶颈等问题，加强与相关高校合作，通过共建、联合培养、科技合作攻关等方式支持辽宁的一流大学和一流学科建设。各高校要不断拓宽筹资渠道，积极吸引社会捐赠，扩大社会合作，健全社会支持长效机制，多渠道汇聚资源，增强自我发展能力

续表

省份	总体目标	经费支持
山东	积极支持山东大学、中国海洋大学、中国石油大学等驻鲁部属高校进入国家“双一流”建设工程，力争一批学科进入世界一流或世界前列；积极支持省属高校争创国内一流，力争一批学科进入国内领先或世界一流。到2020年，全省高校有若干学科进入教育部学位与研究生教育发展中心学科评估排名前10%；有50个左右学科进入ESI学科排名前1%，并实现进入1‰的突破；1～2所大学进入世界一流行列，6所左右省属高校每校有3个以上学科进入ESI排名前1%，学术影响力排名进入国内高校前100名，建成国内高水平大学	“十三五”期间，山东省财政加大投入力度，加强资金统筹，多渠道筹集50亿元，积极支持“双一流”建设
福建	到2020年，1所大学建成世界知名高水平研究型大学，1所大学综合实力排名进入全国前50名，1所大学进入全国前90名，新增2所大学进入全国前100名；3个左右学科进入全球ESI排名前1‰，20个左右学科进入前1%，10个左右学科在国内权威第三方评价中进入前10%，20个左右学科进入前20%，一流大学建设高校的示范引领作用显著增强，高等教育整体办学实力明显提升	“双一流”建设计划列入省“十三五”发展规划重点项目，“十三五”期间省财政每年安排16亿元建设资金用于实施“双一流”建设计划，建设资金根据实施情况逐步增加
黑龙江	建设1所世界一流大学，6～7所国内同类院校一流大学，按照区域产业结构调整和经济社会发展需求，支持40个左右的学科建成国际或国内一流的优势特色学科	高教强省专项资金投入坚持集约、节约并重和有所为、有所不为的原则，强化需求导向，突出经费支持重点，提高资金使用效益

续表

省份	总体目标	经费支持
河南	到 2024 年，5 个左右学科进入国家“世界一流学科”行列；10 个左右学科进入国内前列，ESI 排名进入前 1%，或在权威第三方评价中进入前十名或前 5%	为支持优势特色学科建设工程，2015—2017 年安排 10 亿元，2018—2024 年每年安排 3 亿元
安徽	支持中国科学技术大学建设世界一流大学；支持合肥工业大学、安徽大学等高校建设一流学科，达到或接近世界一流水平。到 2020 年，重点建设 8 所左右特色高水平大学和一批优势特色学科专业，达到国内一流水平。重点建设 10 所左右应用型高水平大学和一批品牌应用型专业，达到国内一流水平。重点建设 20 所左右技能型高水平大学和一批紧密对接产业的高职专业，达到国内一流水平	鼓励高校多渠道筹措资金和接受社会捐赠，促进建设资金来源的多元化，鼓励有关部门、行业企业、科研院所积极参与一流学科专业和高水平大学建设；完善培养成本分担机制，适时调整高校学费标准，试行按学分收取学费；进一步健全公办普通本科高校政府和受教育者合力分担成本、其他多渠道筹措经费投入机制；依法加大政府投入，保障公办普通高校达到国家和省规定的生均拨款水平。在此基础上，结合财力情况、在校生人数变化、工资标准调整等因素，建立生均拨款标准动态调整机制。在生均拨款总量内，实行“生均 + 专项”的资金分配管理方式，专项经费统筹用于一流学科专业和高水平大学建设
吉林	支持吉林大学建设世界一流大学、东北师范大学建设世界一流师范大学；支持 3～4 所地方高校建设高水平应用研究型大学，进入国内同类大学一流行列；根据行业转型升级需求，重点支持一批优势学科率先建成在国内外具有重要学术影响力的“一流学科（A 类）”，巩固提升一批潜力学科形成具有较高发展水平的“一流学科（B 类）”	“十三五”期间，将“双高”建设纳入高校预算拨款制度统筹考虑，采用分类管理、绩效考核、动态调整的方式引导建设。统筹相关高等教育和职业教育等资金，完善经费核拨方式，强化目标激励，对“双高”建设给予重点支持。对部属高校按省部共建协议给予支持，为省部共建的省属高校积极争取中央财政支持

续表

省份	总体目标	经费支持
湖北	到2020年，力争10所以上大学进入全国百强，至少5所大学列入国家层面开展的世界一流大学建设。6个以上的学科领域进入ESI全球同类学科前1‰，20个左右进入前200位，70个以上学科进入前1%，在全国学科评估中，排名第一的学科数占全国总数的10%左右，60个左右学科进入前5名，120个左右学科进入前30%	落实省属高校生均经费财政拨款政策，并逐步提高拨款标准。建立健全省和市（州）对高校投入的分担机制，合理调整高校收费政策，逐步建立分类分档财政拨款机制和差异性收费标准。省和武汉市共同设立一流大学和一流学科建设专项资金和奖补资金，支持一流大学和一流学科建设。统筹中央、省和武汉市等市（州）现有对高校的教育、科技、人才等专项资金，向一流大学和一流学科建设高校倾斜。继续加大经费投入力度，持续实施“省属高校优势特色学科（群）建设工程”。通过争取国家专项建设基金和地方政府债券资金，对湖北省高校一流大学和一流学科建设予以支持。省财政设立高校捐赠收入配比奖励资金，动员并鼓励社会参与一流大学和一流学科建设，建立高校多渠道筹措经费机制。高校要统筹安排全部收入，向承担一流大学和一流学科建设任务的重点学科倾斜
湖南	到2020年，40个左右学科进入ESI排名前1%，45个左右学科进入全国前10%，50个左右应用特色学科进入全国应用学院同类学科的前列，50个高职特色专业群进入全国高职学院同类专业群的前列。在此基础上，争取3所大学进入国家争创世界一流大学或世界特色大学行列，5所大学进入国内一流大学或国内特色大学行列，5所学院进入国内一流应用学院行列，6	完善政府、高校、社会相结合的共建机制，形成多元投入、合力支持的格局。省财政加大对“双一流”建设的新增投入力度，同时通过整合现有高等教育、职业教育相关专项资金，积极争取国家相关项目和资金支持等方式，多渠道筹措资金支持“双一流”建设。发挥财政资金杠杆作用，通过政府投资基金支持、贷款风

续表

省份	总体目标	经费支持
湖南	所高职学院进入国内一流高职学院行列	险补偿等形式，引导社会资金支持高校科研成果转化推广。落实高校生均经常性拨款经费水平，逐步增加规模，健全教育成本分担机制，合理调整学费标准。鼓励有关部门和行业企业通过共建、联合培养、科技合作攻关等方式积极参与“双一流”建设。高校要统筹经常性经费、学费收入及其他各项事业收入等，优化支出结构，提高对人才队伍建设使用的比重，加强对“双一流”项目经费的管理，提高资金使用效益。要积极拓宽筹资渠道，通过 PPP 等融资模式扩大社会合作，广泛吸纳校友捐助、社会捐赠，健全社会支持长效机制，多渠道汇聚资源，增强自我发展能力
江西	遴选建设学科 60 个左右、专业 100 个左右。到 2020 年，力争 10 个左右学科进入国内一流学科行列，个别学科进入世界一流学科行列或前列；20 个左右本科专业进入国内一流专业行列；1 所拥有若干一流水平学科的大学进入国内一流大学行列，并争取成为教育部直属研究型大学；3～5 所拥有若干个同类高校领先学科的大学排名位次明显前移，成为特色高水平大学	江西省财政安排 8 亿元，统筹推进特色高水平大学和一流学科专业建设
山西	基本建成规模合理、结构优化、布局科学、特色鲜明的山西高等教育体系，高校综合实力、办学活力、服务能力、国际化水平显著提高，相关发展指标达到中西部省份先进水平，产出一批	加大财政投入力度，积极争取政策倾斜和资金支持，努力拓展办学空间，持续改善高校办学条件。采取市场化的改革办法，多方争取社会资源，拓宽经费筹措渠道，

续表

省份	总体目标	经费支持
山西	对国家及地方经济社会发展有重大贡献的标志性成果	鼓励和吸引社会各界在政策、规划、环境、土地、项目、平台、金融、人才等方面的投入和支持。加强经费使用管理，提高经费使用效益
四川	重点分类建设15所左右高水平大学；重点建设300个左右"一流学科、优势特色学科"，主要体现三个层次：力争建设30个左右具有全球竞争力、影响力的学科（世界一流学科），100个左右具有全国竞争力、影响力的学科（国内一流优势学科），100个左右紧密契合、重点支撑四川产业结构升级、创新发展重大需求的学科（区域一流特色学科及高端新型智库）	积极争取中央财政对四川省一流大学和一流学科建设高校给予引导支持。安排省"双一流"建设经费，并建立逐步增长机制，统筹支持四川省部委属、省属高校开展世界一流大学和一流学科建设。鼓励相关地方政府通过多种方式，对一流大学和一流学科给予资金、政策、资源支持。建设高校要加强自身投入，积极争取社会各方资源，形成多元支持的长效机制
贵州	推动有条件的高校和学科专业进入区域前列或接近全国一流水平，一些具有冲击国内国际一流的能力和影响力的重点学科领域成为培养和造就科技领军人才的基地，服务区域和全省经济社会发展的能力更加突出，高等教育核心竞争力显著加强	2016—2020年安排不低于5亿元、每年不低于1亿元的资金扶持区域内一流大学和学科专业建设
内蒙古	到2020年，全区有4～6所高等学校初步具备建设国内一流大学的基础条件，内蒙古大学争取在2025年率先进入国内一流大学行列；民族学、中国语言文学（蒙古语言文学）、中国史、化学、生物学、生态学、科学技术史、材料科学与工程（含稀土工程）、化学工程与技术（含稀土工程、煤化工）、农业工程、食品科学与工程、畜	自治区财政将区内开展国内和世界一流大学、一流学科建设纳入自治区高等学校预算拨款制度中统筹考虑，并通过相关专项资金给予引导支持；积极争取中央财政通过支持地方高等学校发展的相关资金给予引导支持。自治区基本建设投资对区内国内和世界一流大学、一流学科建设相关

续表

省份	总体目标	经费支持
内蒙古	牧学、林学、草学、蒙医学、蒙药学等学科进入国内一流学科行列，其中民族学、中国语言文学（蒙古语言文学）、生物学、蒙医学、蒙药学等5个左右学科争取进入国内一流学科前列	基础设施给予支持
广西	分批遴选若干所高校立项建设国内一流大学、国内高水平大学、地方特色高水平大学、地方应用型高水平大学、地方技术技能型高水平大学。支持具有博士点高校和博士授权点立项建设高校建设一批优势特色学科。支持本科院校建设一批重点学科。使一批学科进入国内同类学科先进行列。分类重点支持建设优质专业。到2020年，一批专业进入国内一流行列，若干个专业进入国内一流前列或国际一流行列。分类重点支持广西经济社会发展急需专业。重点扶持战略性重点保护专业	1. 争取中央资金支持。自治区支持相关高校积极争取纳入国家“双一流”建设资金支持范围 2. 自治区安排经费支持。将广西高校“双一流”建设所需资金纳入自治区本级财政年度预算和中期财政规划。“十三五”期间，自治区多渠道统筹安排50亿元资金支持“双一流”建设，主要用于提升学科建设水平，包括人才培养、科学研究、师资队伍和高水平科研团队建设、重大科技创新平台建设、社会服务、发展哲学社会科学、国际国内交流合作、提升高校治理能力等方面
甘肃	“十三五”期间，重点建设50个左右学术水平较高、优势特色明显、服务能力强的一流学科，其中2～3个学科（领域）进入ESI前1‰或全国学科评估排名前10%，达到世界一流水平；15个左右学科（领域）进入ESI前1%或全国学科评估排名前20%，达到国内一流水平。6所大学进入国际国内同类院校高水平行列，3所高职院校进入国内一流高职行列	省基本建设投资对高水平大学和一流学科建设项目相关基础设施给予重点支持，省财政将其纳入省属高校预算拨款制度中统筹考虑，采取分类管理、绩效考核、动态调整的方式，对纳入建设的学科和专业进行支持。高校要充分发挥主体作用，多渠道筹集建设经费，加大资金统筹力度，扩大社会合作，增强自我发展能力

续表

省份	总体目标	经费支持
陕西	到2020年，支持1～3所高校争创世界一流大学，5～7所高校达到国内一流大学水平；持续推进省属高水平大学建设，加快部分省属本科高校向应用型院校转型。支持若干个学科进入世界一流行列，支持30个学科进入国家“一流学科”建设计划，培育30个全国一流学科，持续建设一批优势特色学科	“四个一流”建设计划列入省“十三五”发展规划，省政府给予专项资金支持，对经过评估列入“四个一流”建设计划的高校，分级分类给予奖励支持。进入国家“世界一流大学、一流学科”建设序列的高校和学科，按中央财政支持标准实行1∶1配套；进入陕西省“一流学院、一流专业”建设计划的公办和民办高校同等对待，按绩效予以奖励支持。继续支持实施省属高水平大学建设计划、示范高职院校建设计划
云南	到2020年，努力使云南高校学科整体实力达到一个新水平，力争5个左右的一级学科进入国家一流学科行列；使一批一级学科跻身国内学科排名前10%，且这些一级学科中至少有1～2个二级学科或方向达到世界一流水平；力争支撑获得2～3个博士、硕士学位授予单位和一批一级学科博士、硕士学位授权点或博士、硕士专业学位授权点	2016—2020年建设周期，省级财政将视财力情况积极协调资金支持云南省一流学科建设，并保证相当部分用于学科队伍建设。积极引导和鼓励各高等学校多渠道筹措经费，促进“高峰”“高原”学科建设资金来源的多元化
新疆	“十三五”期间，重点学科建设总体数量为50个左右，其中10个争取建成国内一流学科，争取进入全国学科排名前30%，形成自治区重点学科的“高峰”；30个学科争取进入全国学科排名前50%，力争大部分建成博士授权一级学科，形成自治区重点学科的“高原”；建设10个特别扶持学科，面向交叉学科和边远高校，建成一级学科硕士点或专业学位点，形成自治区重点学科的新生力量	“自治区重点专业建设计划”采取自治区财政投入和学校配套相结合的方式支持50个左右专业建设，5年为一个建设周期，自治区财政投入1亿元专项资金

续表

省份	总体目标	经费支持
宁夏	通过重点建设，推动宁夏大学、宁夏医科大学、北方民族大学、宁夏师范学院相关学科分别进入国内一流和西部一流行列；到2020年，在全国学科评估排名中，全区高校5个以上学科位列西部前20%，3个以上学科位列全国前15%，其中2个以上学科进入ESI世界学科排名前1%；在国内有影响力的大学评价排名中，宁夏大学综合实力进入西部地区高校前25名、全国前200名	从2017年到2020年，自治区高等教育专项资金规模增加2亿元，包括一流学科建设经费1亿元、宁夏大学西部一流大学建设经费1亿元
青海	到2020年，努力在三江源生态、新能源、新材料、藏文信息与安全、高原医学、民族学等学科中，建成2个左右学术水平较高、优势特色明显、服务能力较强的国内一流学科，其中1个进入世界一流学科建设行列，实现零的突破。扶持建设一批独具青藏高原特色的生态环境保护、盐湖化工、高原生态旅游等新型产业以及与国家“一带一路”、社会治理、生态文明、精准扶贫等重大项目密切相关的新兴交叉学科，建成15个左右省级一流学科	加大资金支持。省财政厅将高校一流学科建设纳入高校预算拨款中统筹考虑，通过相关专项资金给予积极引导支持，重点向办学水平高、特色鲜明的学校和学科倾斜。鼓励有关部门和行业企业积极参与一流学科建设，通过共建、联合培养、科技合作攻关等方式支持一流学科建设。各高校要不断拓宽筹资渠道，积极吸引社会资本，扩大社会合作，健全社会支持长效机制，增强自我发展能力
西藏	支持西藏大学进入教育部直属高校行列，进入国家“双一流”大学建设行列。强化民族优秀传统文化和高原科学与技术两大特色学科群建设，把西藏大学建成特色突出、国内有影响力、国际有知名度的高水平综合性大学	未找到

续表

省份	总体目标	经费支持
重庆	力争 2～3 所高校跻身国内一流、行业一流大学行列，建成一批在国内外有一定知名度和影响力的一流学科	通过争取中央财政投入、设立建设专项、整合部门资源、新增经费重点倾斜、调整高校支出结构和吸纳社会资金投入等方式筹集“双一流”建设资金，加强资金监督管理，突出绩效导向，提高资金使用效益。市级财政设立“双一流”建设专项经费。市发展改革委、市科委等部门统筹部门资金用于“双一流”建设。具体经费支持奖补办法由市财政局、市教委、市发展改革委等部门另行制定。有关区县（自治县）财政要加大对属地高校的资金支持力度

通过对以上 31 个省份的统筹推进世界一流大学和一流学科建设实施方案的梳理，可以看出，各地都提出了学科建设要强化特色与优势，除了服务国家重大战略需求、地区经济社会发展需求外，还根据区域特色来建设和发展优势学科和特色学科。各省份的实施方案主要包括以下几个方面的特点。

第一，从出台时间来看，不同省份的“双一流”建设实施方案的出台时间有的早于《统筹推进世界一流大学和一流学科建设总体方案》（下文简称《方案》），有的晚于《方案》，但都在 2017 年先后出台，这既是对贯彻落实《方案》的进一步细化和延伸，也是对各地的“双一流”建设方案的具体指导。

第二，从学科建设的目标来看，各省学科建设都是分类设计的，第一类是建设若干世界一流学科，使之成为国际学术前沿阵地和一流人才培养高地，成为建设世界一流大学的重要支撑；第二类是建设一批国内一流学科，使之成为优秀高层次创新创业人才培养基地；第三类是建设一批紧密衔接各省创新链和产业链的国内一流学科群，使之成为学科创新和科技成果转化的重要基地。

第三，从经费保障来看，各省通过多种方式筹集一流学科建设资金，首先要积极争取纳入国家“双一流”建设资金支持范围，同时还要争取中央财政通过支持地方高等学校发展的相关资金给予引导支持。其次，一流学科建设纳入各省高等学校预算拨款制度中统筹考虑，并通过相关专项资金给予引导支持。最后，各高校也要通过多渠道筹措资金用于一流学科建设。

第三章

高等教育财政拨款制度的国际比较

第三章

[illegible]

高等教育拨款制度是一个国家高等教育事业顺利发展的重要支撑，也是一个国家政府有效实施高等教育宏观调控的重要手段。在世界高等教育经费来源结构中，作为高等教育经费主体的都是政府财政性教育经费，中央政府财政经费和地方政府财政经费是高等教育政府财政拨款的主要内容，学费收入、高校校办企业的创收、高校自身所提供的有偿服务、捐赠收入（社会、团体、企业、私人）、信贷资金、国际教育资助等多方面筹措的资金也占一定比例。从财政资金拨付的角度来说，各学科、各学院并不具有独立的拨款单位资格，所以财政资金拨付的对象是高校，而不是具体学科。因此，研究高校学科特别是一流学科的财政支撑体系，首先要明确高等教育的财政拨款政策和拨款制度，但各国的政治状况、经济体制、文化传统的不同决定了各国不同的高等教育经费拨款制度，各国差异使国际高等教育拨款制度特征各异。本章通过介绍美国、英国和日本三个国家的高等教育的拨款政策和拨款制度，重点分析其不同的财政体制和拨款制度，总结国际高等教育拨款制度的先进做法，以期为完善我国一流学科的财政拨款制度提供思路借鉴。

第一节　美国高等教育的拨款制度

国家作为高等教育发展的最大受益者，政府理应成为高等教育经费筹措的主渠道。美国之所以能够成为世界上高等教育最发达的国家之一，这与其拥有世界领先的高等教育经费是分不开的，其中，美国政府对高等教育的财政拨款与资助同样是其高等教育经费的主要来源。

本章通过对美国高等教育政府财政拨款体制的研究，主要是想对美国高等教育政府财政拨款体制的发展与形成的过程，财政拨款的模式、现状与特点以及美国高等教育财政拨款体制的改革进行细致地整体把握。

一、美国高等教育财政拨款体制的历史演进

按照高等教育财政拨款的形成、发展以及改革和调整的进程划分，美国高等教育财政拨款体制演进可以划分为以下五个历史时期：

（一）高等教育财政拨款的形成（17 世纪—19 世纪中期）

美国独立战争前，高等教育思想和模式都从欧洲直接移植而来，在一个完整的殖民政治管辖区设立了第一所大学。美国第一所高校——哈佛大学以及随后的耶鲁学院、普林斯顿学院、宾夕法尼亚大学、布朗大学等殖民地学院的财政运行都有赖各殖民地议会提供的“土地和金钱赠与”，后来议会也采用棉花销售税收进行资助，这是政府对高等教育的最初拨款形式，彩票收入、学生费用及教会捐赠也是殖民地学院的重要来源。

独立战争后，联邦政府决定帮助各州建立一所神学院，这是各州州立大学的雏形。州立大学一开始获取的资助较少，州政府也很少资助。1801 年，为满足公众对高等教育的渴求，南卡罗来纳州议会批准向州立学院提供财政资助；1819 年，弗吉尼亚州通过立法，决定以年度拨款形式资助州立学院，这种最初的立法拨款形式现在仍被经常采

用。这一时期，无论是殖民地政府还是后来的州政府以及联邦政府，对高等教育拨款数量少，且不固定，甚至很少通过立法拨款，联邦政府主要通过向各州赠与土地间接资助高等教育。政府虽然对高等教育拨款，但很少干预高校事务。

（二）高等教育财政拨款联邦立法的开始（19 世纪中期—19 世纪末）

1789 年，美国联邦宪法第十条修正案规定："凡未经宪法授予联邦政府的事项以及对各州不加禁止的事项，都属于各州及其人民的保留权"。由于宪法没有规定教育是联邦政府管辖范围内的事项，教育权力自然由各州行使，美国教育体制的分权主义原则就此确立起来。自此州立院校逐步发展起来，其他各类高等教育也得到迅速发展，但是随着教会对学校的干预以及学校自身规模的发展，要求国家对高等教育进行干预。①

独立战争到南北战争的这段时期是美国高等教育发展的一段重要时期，该阶段私立高校取得发展，创立了州立大学，发起大学课程改革并强调专业教育。由于大学数量的快速增加，尤其是州立大学的创办，政府对高等教育财政拨款的雏形基本形成，特别是 1819 年弗吉尼亚州通过立法决定以年度拨款形式资助州立大学，最初立法拨款模式的出现也是高等教育财政拨款体制形成的重要标志之一。据统计，1860 年美国共有院校 182 所，其中教派院校达 116 所，教派院校反对改革，拒绝州政府将其改为州立大学，但是，这些教派学院后来也从

---

① 杨晓波．美国联邦政府的高等教育政策［J］．外国教育研究，2003，10.

州政府领取补贴费。① 尽管教派学院的发达在一定程度上推迟了州立大学的创办，但随着美国西部和南部的开拓发展，西南各州政府急需高级人才，加上人们对教育的需求比较强烈，西南各州政府不得不用公款建设高等院校，在以上背景下州立大学应运而生，截至 1860 年美国已有 66 所州立大学。但是，州立大学一开始获取的资助比较少，州政府对其提供的资助也有限，因此，早期的州立大学经费窘迫，常常是入不敷出。

1862 年，佛蒙特州国会议员莫里尔提议建立赠地学院，以加强联邦政府对高等教育发展的调控。随后，联邦政府批准了《莫里尔赠地学院法》，该法案规定，为每州增拨一片土地用于建立一所学院；该学校为全体公民服务并开设农业、机械技术、古典文学等新课程来满足经济发展需要。《莫里尔法案》开始了美国历史上第一次以国家立法和经济调控干预高等教育的新时代。19 世纪后期的《哈钦法案》规定政府提供资金鼓励高等院校开办农业试验站，向人民推广农业方面的知识，并要求政府拨款须体现出对高校完成国家目标的激励作用。1890 年颁布的《第二莫里尔法》规定：高等院校若想得到赞助，就必须达到政府要求的条件，如果不能满足条件，政府则收回资助。政府要求的一般条件主要包括：必须向内政部长和财政部长提交本校获得联邦资助的使用情况和本校经费情况的统计材料；在录取新生上不得搞种族歧视；联邦政府颁布的一系列法案强化了国家对高等教育的干预，且主要是通过经济手段，设立资助条款引导高等教育朝着政府设定的目标发展。

这一时期高等教育财政拨款有以下特点：其一，宪法的颁布明确

---

① 王春 .90 年代美国高等教育经费发展趋势分析 [J]. 外国教育资料，2000，(5)：34.

了联邦和州政府高等教育职责和权限划分，高等教育管理和直接财政拨款由各州政府执行，联邦财政资助仍然是间接的。其二，联邦高等教育财政资助范围更加广泛，既有通过赠地帮助各州建立新的大学，也有通过专门法案推动农业技术等科学知识的推广。其三，联邦资助基本上不加限制或不附带任何附加条件，但是《第二莫里尔法》也开始了联邦通过财政资助贯彻政府政治意图的新的立法尝试，比如对种族歧视的规定。其四，一系列涉及高等教育法案的颁布，表明联邦开始走上通过立法调控高等教育发展的轨道。①

（三）高等教育财政拨款的大发展（20 世纪初—20 世纪 70 年代末）

1929—1933 年的经济大危机催生了凯恩斯主义，联邦政府开始强化立法，力图通过完善立法引导高等教育发展。联邦政府通过一系列的立法来干预高等教育，但是由于宪法中没有赋予联邦政府对高等教育任何的职责和权限，所以对高等教育的直接拨款和直接管理还是由各州政府来负责的。美国国家教育统计中心的统计数据显示，1939—1940 年，美国有学位授予权的高等院校的经常性收入来源中，联邦政府的财政拨款额为 0.389 亿美元，州政府的财政拨款额为 1.512 亿美元，州政府的财政拨款一直以来都是美国高等教育经费最重要的来源之一。1947 年发表的“鲍文报告”认为公民都应平等享有高等教育权，不管家庭贫富、出生、性别、种族、宗教信仰或者是否残疾。这份报告促使联邦政府和州政府加快了对高等教育的财政拨款。第二次

---

① U. S. Department of Education，National Center for Education. Digest of Education Statistics ［M］. Washington，D. C. ：Government Printing Office，2002.

世界大战结束后，联邦通过了《军人福利法》，以资助退伍军人进入大学和学院，“鲍文报告”和《军人福利法》的实施，使得联邦政府和州政府的大量资金源源不断地流入美国各类高校，联邦政府财政拨款增速高于州政府，表明联邦政府对高等教育的干预能力进一步加强。直到20世纪60年代初，虽然联邦通过立法形式采取各种资助方式支持高等教育，但都是就高等教育某一方面的立法。1965年颁布的《高等教育法》是美国历史上第一部高等教育立法，表明联邦有意在美国高等教育发展中发挥更为积极且更为直接的作用。自此，联邦改变以往先设定主题，再辅以财政资助的高等教育支持方式，而是越来越多地直接参与高等教育事务。①

20世纪60年代正是美国经济高速发展时期，这一时期美国各州政府高等教育拨款从思想上逐渐统一起来，并进一步体现在高等教育立法管理上。各州颁布的有关高等教育的法规对州立高等院校具有强制性，例如，加州规划第一次以法律形式确定了高等教育基本拨款和赞助计划；明确了社区学院在高等教育中的地位；将高等教育分为公立和私立院校，公立高等院校又分为加州大学系统（以研究为主）、加州州立大学系统（以教学为主）、社区学院系统（以成人教育为主）三个层次。加州规划是对州内高等教育发展的全面规划，自此许多州也采取类似的规划作为高等教育长远发展的指南；同时，对不同类型高校的明确划分也体现了州政府高等教育拨款的政策重点，就州而言，州立公立高校获得的经费拨款最多，受到的监督管理也最严格。

20世纪70年代的美国高等教育仍然延续了前10年的高速发展，但是由于经济危机的爆发和入学人数逐渐减少等，政府高等教育财政

① 朱锡平，等．我国高等教育财政改革的基本思路［J］．河北师范大学学报（教育科学版），2006，（3）：62.

拨款增幅有所下降，不过在总量上仍有较高增长。分析可知，联邦政府拨款总量虽有增长，占该类高校总收入的比重却有所下降，相反，州政府无论在总量还是增幅上增长都是迅速的，且州政府对高校的财政拨款相对于联邦政府显得更加重要。以上现象表明高等教育财政拨款由 20 世纪 60 年代州政府与联邦政府共同分担转为以州政府拨款为主，因为州政府认为其应该在高等教育发展中发挥更为重要的作用，所以加大了对高等教育财政拨款的力度。此外，高等教育财政拨款及资助在立法上进一步完善起来。1972 年，尼克松政府通过《高等教育修正案》，将基本教育机会助学金作为学生最基本的助学金，以期对一切需要资助的学生提供直接资助，这是联邦政府第一次以立法形式直接资助学生（以前联邦资助学生是将资金直接拨给高校，由高校负责实施管理）。1978 年，卡特政府通过《中等收入学生助学法案》，该法案规定所有高校学生，不论其家庭收入状况和需求如何，都可以申请基本教育助学金和其他联邦贷学金，联邦对学生资助范围进一步扩大。各州也发布了一系列资助学生的计划与联邦补助金相匹配。总之，到 20 世纪 70 年代末，美国高等教育财政拨款体制趋于完善。

（四）高等教育财政拨款的调整（1980—1992 年）

进入 20 世纪 80 年代，美国经济出现衰退。高等教育财政拨款实践主要表现在以下方面：联邦对高等教育承担的责任开始减少，供应学派主导了国家财政政策，其认为资金投到公立高等教育不符合公平原则，应该引入竞争机制，让所有公立和私立高等院校在平等基础上通过竞争获得联邦贷款资助，联邦只应对那些贫困家庭予以资助。1980—1990 年，联邦政府和州政府对高等教育的拨款虽然在增长，但是增幅缓慢并低于同期学费和销售服务收入增幅，在高校的收入来源构成比重也有所下降，表明经济衰退迫使政府开始减少高等教育责任。许多高校为维持运作，向学生增收学费以及提高销售服务收入等来弥补经费不足，说明高等教育市场调节力量迅速增强。

20 世纪后期，在财政压力和问责制兴起的背景下，政府、立法机关、公众、商业界代表等利益相关者对高等教育问责的呼声日益高涨。很多州使用的传统的公式拨款法（Formula Funding）有重大局限，即：拨款主要基于教学活动而非成绩，重视数量而非质量。田纳西州首先对问责制作出回应，在田纳西州高等教育委员会（Tennessee Higher Education Commission，THEC）的领导下，率先开展探索。田纳西州高等教育教育委员会在福特基金会（Ford Foundation）、克里罗格基金会（Kellogg Foundation）和一个匿名基金提供的启动金的基础上，设置五年为一个周期的高等教育绩效拨款政策。该政策放弃传统的主要以高等学校入学人数为基准的拨款模式，将一部分高等教育财政资金改为按照学校绩效进行分配。绩效拨款以绩效评价指标为标准，这些指标主要与高等学校产出有关，如学生毕业率、就业率、学生转学率、学生保留率和专业证书获得率等。在田纳西州高等教育教育委员会的有力领导和其他群体的支持下，绩效拨款政策取得了较好效果。

（五）高等教育财政拨款的改革（1993—2020 年）

1. 高等教育拨款改革扩散加快

20 世纪 90 年代初，美国经济衰退，问责主义由 80 年代强调结果评价、结果报告转向拨款经费与绩效挂钩。由于公众对高等教育效率和效益不满，州内各种不同项目对财政资金的竞争加剧，加上田纳西州的示范，多种动力驱使各州立法机关官员和州长等决策者考虑高等教育绩效拨款政策。在这种趋势背景下，绩效拨款政策扩散明显加快，科罗拉多、康乃迪克、佛罗里达、肯塔基、明尼苏达、密苏里、俄亥俄、南卡罗来纳、华盛顿等州开始实施该政策。这些州在政策的内在精神、绩效评价指标体系和拨款水平等方面与田纳西州基本类似，但是，由于在政治、经济和文化等方面存在一定差异，各州在政策启动、政策实施、评价指标和拨款方式等方面体现出一些不同特点。整体而言，这阶段的高等教育绩效拨款政策为 1.0 版（Performance Funding 1.0，PF1.0），其主要特征：一是绩效拨款占高等教育经费的比例不高，基本控制在州高等教育总拨款比重的 1%～6%；二是绩效拨款资金来源主要是州传统高等教育基础拨款外的额外增加资金，经费来源随机性大、稳定性低。[①]

2. 高等教育拨款改革遇冷

21 世纪初，特别是在 2008 年金融危机的冲击下，美国经济萧条，地方政府财政紧张，商界支持减少，高等教育经费急剧下降，绩效拨款政策的经济基础动摇，高等学校对该政策支持热情下降，再加上政党轮换、立法机关官员变动等政治因素影响，一些实施该政策多年的州，如密苏里、伊利诺州等，在各种压力下选择放弃。绩效拨款政策的扩散趋势遇冷停止，转而陷入断崖式下降状态，政策扩散遭遇重大挫折。

3. 高等教育拨款改革的扩散恢复

为提高本国创新竞争力，奥巴马政府于 2013 年设置新的国家目

① 陈国良．教育财政国际比较［M］．北京：高等教育出版社，2000.

标，希望通过提高大学完成率来改变美国大学生人数发展长期停滞的局面，为此直接推动“完成大学教育”（Complete College Act）和“教育计划可负担”（Making Opportunity Affordable）教育改革运动。许多州政府、全国性高等教育协会和主要慈善基金组织都积极参与，其中鲁米那基金会（Lumina Foundation）和比尔及梅琳达·盖茨基金会（Bill&Melinda Gates Foundation）为一些州推行高等教育绩效拨款政策提供不菲的资金资助和专业援助。正是在此背景下，该政策的扩散快速恢复并扩展，使一些原本实施但中途放弃的州，如佛罗里达州等，恢复绩效拨款；很多从未实施的州也通过法案开始推行绩效拨款，截至 2020 年 12 月，该政策已扩散至 32 个州。[①] 与 20 世纪 90 年代相比，这一轮绩效拨款政策已经发生较大变化，升级至绩效拨款政策 2.0 版（Performance Funding 2.0，PF2.0），并且呈现出一些新的特点。首先，绩效拨款经费占州高等教育财政经费的比重大为提高，由 1%～6% 普遍提高至 8%～30%，有些州甚至远远超出这一比值。其次，绩效拨款不是一个独立列支的经费子项目，而是嵌在州高等教育财政经费之中，从而在预算过程中不易受政治、经济等因素影响而被更改或删除，政策稳定性明显提升。

二、美国高等教育财政拨款模式

美国的高等教育一直以来处于世界领先地位，具有比较完善的多元化高等教育经费来源体系。财政拨款仍然是教育经费的主要来源，

① 杨晓波．美国联邦政府的高等教育政策［J］．外国教育研究，2003，（10）：32、33.

政府对于教育的投入一直保持在国内生产总值的 7% 以上。在美国公立高等学校的经费来源很广泛，但公立高等学校的主要经费还是依赖政府的财政性拨款。由于美国是一个实行“州权”的联邦制国家，是以州管理为基础实行高等教育体制，因此州政府拥有很大一部分财权和事权。美国联邦政府下设教育部，但根据美国宪法，联邦政府在法律上对高校没有直接管辖权，只提供宏观指导、咨询服务和经费资助。美国是典型的分权制教育财政拨款体制。

从法律上看，美国高等教育的管理权属于各州，州政府独立管理本州的高等教育，为本州公立高等学校提供经费，州议会拥有本州高等教育的立法权，所以美国高等教育经费投资是以地方政府、州政府为主，联邦政府、州政府和地方政府三级拨付和管理。通过专门的管理委员会，州政府对本州的高等学校进行拨款。联邦政府通过对学生资助和对研究资助实现对高等教育进行资助，其通过直接向学生发放助学金和贷款，或者直接拨款给学校的方式来分配一部分教育经费；建立资助项目；提供研究开发经费，支持自主研究型大学科学研究和改革创新活动。在美国将近 3/4 的学生都会选择公立高等学校，而事实上美国公立高校的数量不及私立高校数量多。公立高等学校的经费大部分来自州和地方政府，州政府要保证本州公立高等学校 40%～60% 的经费。

国立大学在美国是不存在的，只有州立大学和私立大学，由于没有国家统一的计划，管理和决策都是分散的状态，美国的高等教育通过市场调节机制来运行。州政府要保证本州公立大学一半以上的经费由高等教育管理委员会对州教育财政拨款进行管理，高等教育经费拨款包含：教育经常性拨款、资本性拨款、专项拨款。增量拨款、公式拨款、合同拨款和绩效拨款被广泛用于教育经常性拨款。

（一）增量拨款

增量拨款在20世纪六七十年代实行，与我国的“基数加发展”模式相似。它依据上年的基数，根据政府财政能力和学校发展需求，制定一个拨款增长系数，但是这一拨款方式有内在的局限性，不能考虑学校的实际需要，而且增量拨款与分项目的预算拨款容易导致学校管理僵化，资金使用率低。20世纪80年代以后，由于美国经济增长速度的减缓甚至下降以及高等教育体制和管理方式的改革，增量拨款法开始逐步被别的更加注重效率和产出的方法代替。

（二）公式拨款

尽管美国高等教育财政拨款模式多种多样，各个州的教育财政管理体制却存在较大差异，但在各种拨款模式中公式拨款是美国各州使用最广的拨款方法。目前，美国有30多个州采用公式拨款模式对本州高等教育进行财政拨款。公式拨款即拨款时采用大量的公式，以精确地衡量各项拨款以及拨款数额。各州根据州立高校的具体情况及财政状况制定了不同的公式，公式拨款减少了人为因素对拨款的影响，增加了透明度，减少了政府和学校的分歧，充分发挥了预算拨款的客观和公正，为资源配置起到基础性作用，扩大了高校办学规模，提高了办学效益。

公式拨款是建立在对学校成本行为的科学分析的基础之上的一种模式，政府部门或负责拨款的机构在对学校的各种成本行为进行分析之后，确定出一组能够反映学校成本行为的拨款公式，在征得各学校同意之后，按照公式算得的拨款数额向学校拨款。简单来说，公式拨款就是通过对影响财政拨款的各因素赋予不同权重，进而建立一组拨款公式来确定拨款数额。公式按专业领域、项目、学校特征和高校类型等因素分配权重。在美国，各州使用大体类似的公式进行预算，但是，拨款公式中权重因素各州有各自的特点，公式复杂程度也不一样。在利用公式拨款法进行财政拨款时，不管考虑的因素多或少，划分出的每一个拨款部分都对应一个具体的计算公式，通过计算得出每一部分的拨款数额，再将各部分拨款数额相加，得出该年度的拨款总额。

在美国，利用公式拨款法向高校和相关机构进行财政拨款最早出现在 20 世纪六七十年代，当时美国各州财政状况良好，国民对高等教育的需求也比较强烈，公式拨款在美国高等教育事业快速发展时期发挥了积极的作用，这种拨款模式也得到了空前的发展。该拨款模式较好地体现了经费拨款的公平、透明、客观与效率原则，还可以通过政策参数、参考因素的调整来影响学校的成本行为，使学校的经费利用率得到有效提高。但是，这种拨款模式也存在一些难以克服的缺点：第一，公式拨款一般只适用于教育经常性费用的拨款，对高等教育机构的科研经费和专项经费的划拨不适用。第二，公式拨款最简单的形式就是按生均成本进行拨款；这种形式的弊病是，首先可能对不同学科及专业培养成本存在差别、在校生类型不同（全日制、部分时间制等）等边际问题无法考虑得很全面；其次如果仅考虑生均成本，容易刺激学校扩大招生规模。第三，公式的依据是上一年的预测结果，有时难以反映实际需要。第四，公式拨款模式较多考虑公平因素，对学校的办学水平和实际发展需要考虑尚有欠缺，这方面发挥的积极作用相对有限，等等。尽管如此，目前公式拨款法在美国仍旧是采用比较多的拨款模式，经过几十年的发展与改革，公式拨款模式变得更加完善、全面和具有地方特色。但因公式法依据的是上年的预测结果，难以反映实际需要，公式拨款着重考虑公平因素不能起到激励学校提高效率，同时不利于资源的优化配置。

（三）绩效拨款

绩效拨款是将高等教育机构在办学、科研等方面取得的成果（包括效率、效益、质量等）或将高等教育机构获得的资助与运用资助获得的评价结果作为拨款的主要依据，通过对高等教育机构绩效的衡量与评价确定一系列绩效指标，再根据绩效指标对高等教育机构进行绩效评价，依据绩效评价结果向大学提供相应的拨款。绩效评价结果好，获得的拨款就多，反之就少。绩效拨款模式实施过程中需要解决两个难题，一是绩效指标的确定，二是绩效评价结果与拨款额度的关系。

20 世纪 80 年代以前，美国政府向高等教育机构的拨款主要利用以学生数量（生均成本）为基准的公式拨款模式，进入 20 世纪 80 年代后这种拨款模式受到了批评，越来越多的人们意识到绩效才是衡量效益的基本因素，因此呼吁在高等教育的财政拨款中加入绩效因素。20 世纪 90 年代以来，美国许多州开始确立以绩效为基础的拨款模式，但截至目前，绩效拨款的预算规模仍然是十分有限的，整体上只占州总拨款额的 2%～6%，但是这一比例呈上升趋势。绩效拨款模式确定以后，关于绩效指标的确定问题也成了困扰美国教育学界的问题。一般认为，绩效指标主要包括以下三个方面：第一，教学及学生指标，包括师生比、学生课程完成情况、学生成绩、学生获得学位的年限、学生就业率等；第二，科研指标，包括科研项目数量及完成率、科研经费额度、科研成果等；第三，财务及资源管理指标，包括行政人员比例、经费来源结构、校园生活质量、基础设施建设与利用等。实际上，美国各个州在进行绩效评价时确定的绩效指标各有不同，各个指标又分别带有不同的权重，并且这些指标也会随着时代的变迁而发生变化，不可能得出一个统一的标准。

绩效拨款以绩效评价高低为依据进行拨款，有利于促进高等教育机构间的竞争与发展，并且这种拨款模式通过评价机制实现了对高等教育经费的有效控制，能够提高有限资金的利用率和学校的办学效益。另外，由于拨款只与绩效评价结果相关联，使各高等教育机构有了一个平等的竞争起点且相对公正、透明，因此，在美国，绩效拨款成为越来越受公众和社会青睐的拨款模式。绩效拨款通过衡量大学的办公科研等方面的绩效，决定拨款的方向与数量。大学的拨款直接与绩效挂钩，评估得分高拨款经费就多，反之则少。绩效拨款的优势在于一切都取决于绩效，大学之间公平竞争，这样可以充分合理的分配和利用政府的教育资源，使得大学成本降低，提高教学质量、科研质量，促进大学的发展。但是绩效拨款的考核标准难以制订，需要确定科学的绩效指标系统。美国 50 多个州，每个州的拨款方式都不同，各有各的拨款模式，大多都是多种拨款模式的混合体，并且很多州都已经把绩效拨款纳入拨款模式。

（四）合同拨款

合同拨款是一种招投标的方式，在大学科研经费拨款方面有很长的应用历史。它通过签订合同来进行拨款，这样可以更有效地分配有限的科研经费。在 20 世纪 70 年代美国出现经费紧张以后，合同拨款不仅适用于科研经费拨款，也适用于教学、基建、教学设备等高校专项经费的分配。合同拨款有助于高校保证办学和科研质量，提高经费的利用率。要想通过合同拨款法获得政府的拨款，就必须通过各种途径从各方面不断提升自身机构的实力以获取政府的拨款，因此，《合同拨款法》能够促进高等教育机构间的学术竞争，有利于学校办学水平和科研水平的提高，并且能够保证所拨经费的使用效率与质量，较好地体现了大学学术与科研管理的自主与自治。然而，该方法也存在一些潜在的不可避免的问题，一些高等教育机构为了获取更多的拨款，往往会急功近利地做一些表面的工作而忽视了基础学科和基础研究的发展，同时在某种程度上也会对新学科的创建和学术的创新与传播带来一定的影响。

三、高等教育拨款特点

（一）完善现有拨款模式的同时绩效因素愈加受到重视

目前，美国各级政府对高等教育进行财政拨款时最常用的两种拨款模式就是公式拨款模式和协商拨款模式（合同拨款）。尤其是联邦政府的科研拨款与对学生的资助以及州政府在对公立高等教育机构的事业费拨款时更是注重使用这两种拨款模式。在高等教育大扩张并且国家经济繁荣的20世纪60年代，公式拨款受到青睐，满足了公众对高等教育需求快速增长的需要。20世纪七八十年代美国经济状况恶化，公式拨款受到指责，该模式被认为忽略了拨款的效益问题，甚至会导致高等教育规模盲目扩张，在这种情况下，合同拨款与绩效拨款开始受到重视。高等教育绩效问题是伴随着政府财政拮据以及高等教育产出的低效而产生的。但是绩效拨款的过程烦琐、工作量大并且绩效评价指标难以确定，虽然目前许多州已经确立以绩效为基础的拨款模式，但直到目前为止，绩效拨款的预算规模仍然是十分有限的，整体上只占州总拨款额的2%～6%。21世纪以来，美国经济再度进入低迷期，高等教育在面临经费紧张的情况下，要求高等教育机构在保证教育质量与科研产出的基础上必须要降低教育成本，高等教育财政拨款的效益问题势必会再次引起人们的关注。因此，绩效因素在高等教育财政拨款中也将越来越受到重视。目前，田纳西州确立了学术水平与课程评价、学生满意度、规划与合作、毕业生去向四个绩效评价指标；肯塔基州在教育质量、机会均等、经济发展和生活质量等方面设立了25个绩效评价指标，取得了较好的效果，成为各州绩效拨款实施比较完善的代表。公式拨款与合同拨款虽然也存在诸多问题，但因其具有其他模式所不具备的优势，仍旧被当作目前最主要的两种拨款模式。为了适应国家经济形势、社会观念以及公众意愿的变化，现有的拨款模式也在不断地完善与发展，比如公式拨款虽然主要还是依据学校注册学生数和生均教育成本进行拨款预算，但是在权重因素、经费功能的划分上更加复杂化、实际化。

（二）联邦政府持续增加科研拨款并通过制定政策鼓励州一级政府增加科研投入

近年来，联邦政府对高等教育机构科研拨款的绝对数量一直在不断增长，联邦政府的科研拨款一直是高等教育机构科研资金的最大来源。20世纪五六十年代，因第二次世界大战后美国大力发展科学研究的需要，并且当时美国的经济比较繁荣，联邦政府用于校园为主的科研拨款出现了快速增长，之后的数十年间虽然增长的速度有所减缓，但科研拨款的绝对数量一直在增加。联邦政府科研拨款重点支持的领域集中在国防、卫生、能源等领域，这些都是关乎国计民生的重要领域。高等教育机构尤其是研究型大学在科学研究方面有着得天独厚的条件，并且国家托管的实验室也都集中在高等教育机构中，因此，无论从国家安全与发展的角度出发，还是从为国民谋福祉来考虑，为高等教育机构开展科学研究提供更大力度的支持都成为美国联邦政府财政拨款的重点所在。同时，由于美国国内的社会问题越来越多、越来越突出，联邦政府近年来通过制定政策试图把用科学技术解决某些局部问题或地区性的社会问题和民用问题的责任交给各州政府，一方面，减轻联邦政府的财政压力，另一方面，当地州政府对于这些局部问题或地区性的社会问题和民用问题有着更深刻的理解。而各州政府也愿意进一步加强对本州内高等教育机构进行科学研究的资助力度，以便解决一些立足于本州的具体问题。

第二节　英国高等教育的拨款制度

综观世界各国的高等教育拨款实践，英国的高等教育拨款模式无疑是最具有进步性的模式之一。早在 1919 年，英国就成立了隶属于财政部、面向大学实施拨款的中介组织——大学拨款委员会。作为世界上最早实行基金制拨款模式的国家，英国实行中介组织拨款的历史经验不仅为英联邦成员国所效仿，还引起了世界上许多国家的关注。英国的高等教育体制有非常明显的特点，在高等教育国际化发展中处于非常独特的前沿地位。英国高校都是独立的法人实体，可自主地从各种渠道筹集资金。政府的高等教育公共经费对高等学校的资助，是通过政府资助或者政府购买的形式实现的；对高等学校的资助也不是政府直接拨款，而是通过具有中介机构性质的专门拨款机构分配资金，这是英国高教拨款体制最重要的制度特点。

一、英国高等教育财政拨款体制的历史演进

当前，由于高等教育在现代社会中的地位越来越重要，花费越来越大，如何使有限的经费发挥更大的作用，如何应用拨款制度作为国家宏观调控高等教育发展的有效手段，这一系列问题都是各国高等教育界研究关注的焦点。英国高等教育财政拨款体制作为当今比较先进、科学的拨款体制，受到了越来越多国际组织和国家的关注和效仿。这不仅是因为英国高等教育的发达和国际政治因素的影响，也在于这种拨款体制本身具有的特质和优势，这些特质和优势与高等教育自身的性质相吻合。

（一）英国高等教育发展概述

牛津大学和剑桥大学是英国最古老的大学，分别建立于1168年和1209年。在英国，只有获得教皇训令或皇室特许状的学府，才能取得大学资格，也才有学位授予权利。牛津大学和剑桥大学是最早荣获此殊荣的高等学府。英国早期的大学是培养社会精英的摇篮，大学校园也被上流社会所垄断。随着工业革命的深入发展，牛津大学、剑桥大

学由于自身的诸多局限，越来越不能满足社会的需要，社会急需的工程技术人才得不到高层次的培养。这也促成了城市学院这种新型高等教育机构的诞生。1836 年，伦敦大学问世。与牛津大学、剑桥大学相比，城市大学更注重应用科技的开发应用。从 19 世纪 30 年代到第二次世界大战结束，大学数量在这一时期有了较明显的增加。继伦敦大学之后，曼彻斯特、南安普敦、纽卡斯尔、利兹、谢菲尔德、诺丁汉、利物浦等一批城市学院在 19 世纪先后成立，并在 20 世纪初改为大学。接受高等教育的人数有了明显的增长，范围也从宗教界、政府部门和古典学术领域扩展到了科技界和工商业部门。

第二次世界大战之后，英国高等教育驶入大众化的快车道。学校数量有了进一步发展。1961 年至 1968 年，由政府出资兴办了十所大学。这十所大学在成立之日起就获得了学位授予权；1965 年，又确立了高等教育的“双轨制”。在大学之外，再建立一个平行的高等教育体系——多科技术学院体系。“双轨制”的建立扩大了高等教育的外延，模糊了大学与其他高等教育机构的区别，是对传统观念的挑战。在这个时期，高等学校在校学生人数的增长速度很快。与 1938/1939 年度相比，1960/1961 年度英国大学生人数增长了 1 倍多。而到了 19 世纪 80 年代中后期，高校在校生规模达到了百万人。以多科技术学院及其他学院为代表的非大学部分的公共高等教育部门蓬勃发展，逐渐成为与大学并立的高等教育的另一主力军。到 1987/1988 年度，大学系统与多科技术学院全日制学生的人数已大致相当，高等教育与继续教育之间的区分日渐模糊。

1992 年英国议会通过了《继续教育和高等教育法》，该法案的主要内容包括：废除高等教育“双轨制”，将多科技术学院升格为大学；撤消全国学位授予委员会；改革大学拨款制度等。至此，“双轨制”

高等教育体制走向终结，英国高等教育进入大众化的成熟时期。高等教育的大众化使英国离开了学术上的“金本位”。与此同时，如何评价日趋多样化的高等教育体系的教育质量并给予其资助，是一个新的课题。在政府的主导下，进一步调整了半官方性质的高等教育拨款委员会的职能，新成立了高等教育质量保证署（QAA），加强英国高等教育的质量评估和完善高等学校的拨款制度。以上机构是介于官方与高校之间独立的中间机构，建立这些中间机构的作用，一方面是力图保持英国大学自治的传统，另一方面政府又能通过其对高等学校施加影响。这是英国高等教育大众化和古老传统相互融合的产物。

关于英国的高等教育管理体制，研究者历来有许多相互矛盾、甚至截然相反的说法。有的认为其是高度集权（由中央政府控制），有的认为其是高度分权（由地方政府管理）。有的认为英国的高等学校是典型的公立学校，有的则认为英国的高等学校全部是私立学校。实际上，英国本土在历史上长期处于若干独立王国各自为政的状态，从1536年英格兰实现和威尔士的合并算起，经历了260多年，直到1801年才完成联合王国的组建。英格兰、威尔士、苏格兰和北爱尔兰四个部分各自保持着相当大的自治权利，分别有独立的议会、政府、“首都”和“国旗”，包括各自独立的高等教育拨款机构，甚至是独立的学制体系（如苏格兰本科4年，其余地方本科3年）。英国的高等教育主要由四个部分的政府直接负责，并没有放到地方郡一级政府管理，还不能说是一种地方分权的态势。①

高等教育机构的建立，必须经过政府批准，并主要接受政府的津贴。而英国高等学校的性质，按照一般的看法应该归纳为公立学校范

① 洪柳．英国教育财政的特点、趋势和启示［J］．民族教育研究，2005，2.

畴。但是，英国高等学校实行的是完全的自主管理，校长是选举产生，并对校董会负责，而不是由政府指派。高等学校不是政府的附属机关，政府与高等学校也没有行政上的隶属关系，政府不能对其直接下达指令，只能通过评估和拨款等中间机构的运作间接影响高等学校。这种关系与典型意义的公立学校非常不同。按照经济合作与发展组织（OECD）的看法，英国的高等学校不能算是完全独立的私立教育机构，应该将其归类为“依靠政府的私立教育机构”。

（二）英国高等教育拨款机构的演变

在 19 世纪大部分时间里，尽管英国高等教育领域里涌现出了伦敦大学和城市大学等新兴高等教育机构，政府与高等教育却没有什么关系。高等教育机构的涌现是民间办学努力的结果，政府除了派遣皇家委员会对大学的办学状况进行调查外，既不负责高等院校的财务，也不负责他们的招生、教学和管理，大学可以说是名副其实的自治机构。在 19 世纪以前，英国共创立了 6 所大学，其中英格兰 2 所［牛津大学（1096 年）、剑桥大学（1209 年）］，苏格兰 4 所［圣·安德鲁斯大学（1411 年）、格拉斯哥大学（1453 年）、阿伯丁大学（1494 年）、爱丁堡大学（1582 年）］。到了 19 世纪末，英国共有大学 9 所，其中英格兰 4 所（牛津大学、剑桥大学、伦敦大学和达勒姆大学），苏格兰 4 所（阿伯丁大学、爱丁堡大学、格拉斯哥大学和圣·安德鲁斯大学），威尔士 1 所（威尔士大学）。苏格兰的四所大学是首批历经 200 年之久的、唯一的每年接受国家资助的高等教育机构。在英格兰和苏格兰合并前和合并后（1707 年合并），这些拨款来自于王国政府，直到 1832 年，转移为议会表决，资助数额通过专门的法案或年度表决来决定。

19 世纪后期，曼彻斯特欧文斯学院和阿贝利斯维斯大学学院先后于 1852 年和 1872 年因为经费困难向政府申请财政资助，但这一请求被政府拒绝，理由是在英格兰，给予高等教育发展财政资助不是政府的政策。1881 年以阿伯德尔勋爵（Lord Aberdare）为主席的政府委员会发表了题为《威尔士的中级教育和高等教育》（Intermediate and Higher Education in Wales）的报告后，考虑到威尔士地区的特殊情况，政府分别为威尔士的两所大学学院提供了 4000 英镑的年度拨款资助。从此在英国高等教育发展史上开创了政府资助高等教育发展的先例。1889 年，索尔兹伯里政府迫于压力，不情愿地拨出 15000 英镑的年度拨款，用于资助伦敦大学的英王学院、大学学院和其他一些比较成熟的城市大学学院。里丁、南安普敦这样的不太成熟的大学学院一直等到 1902 年才被政府考虑作为资助对象。大学要求政府资助的理由是，大学在国家的物质繁荣中作出了重大贡献，因此有权利要求政府给予资助。这一要求逐渐得到了政界人士的支持，给大学的资助也因此逐渐增加。

1. 1889 年成立特定的大学学院拨款委员会（CGUC）

从 19 世纪中叶起，英国高等教育领域里出现的一个重要变化，即城市大学学院的兴起，也称做大学学院运动（University College Movement）和大学推广运动（The University Extension Movement）。大学学院运动从 1851 年成立的曼彻斯特欧文斯学院（Owens College）开始，该学院由曼城富商欧文斯捐资 9 万多英镑兴建。从此，城市大学学院就如雨后春笋般在英格兰、威尔士涌现出来。这些学院的兴起在继伦敦大学之后再次体现了英国民间办学的传统特点，而且这些学院没有一所是政府创办的，它们均是依靠富商捐办或是公众捐献创办的，反映了当时英国政府不资助高等教育发展的思想和政策。19 世纪下半叶出现的城市大学学院改变了英国传统高等教育的概念，高等教育的作用不再是仅仅培养教会领袖、政府官员和有学问的业界精英，也不再完全为上层阶级所垄断。大学学院运动向中产阶级打开了高等教育之门，改变了原来的牛津大学和剑桥大学所代表的高等教育的封闭状态。而大学推广运动于 1873 年正式发起，他的奠基人是剑桥大学的詹姆斯·斯图亚特。该运动推动了英国成人高等教育的发展，使高等教育渗透到社会低层阶级。以上两项运动直接地把英国高等教育的大门打开，大学的数量和学生的数量大大增长。

在英格兰依靠民间努力办起来的大学，主要依靠私人捐献和学费维持办学。对一些大学来说，财政困难有时是不可避免的，不能指望通过捐赠、地方税资助和学费来维持大学的运行。在 19 世纪 80 年代要求国家资助大学教育的运动汇聚为强大的力量，英国科协在 1885 年的全国性会议上提出国家资助大学的问题，发布通报说明各个学院的情况，向政府发出呼吁。在各方面的压力下，当时由索尔兹伯里领导的保守党政府于 1889 年 3 月成立特定的大学学院拨款委员会（Committee on Grants to University Colleges，CGUC），负责分配 1889—1890 年度的 15000 英镑给 11 所英格兰和苏格兰比较成熟的城市大学学院。财政部接收委员会对于拨款分配的建议和分配原则，规定如下：①为保持拨款的稳定性，应每五年复审一次；②对各学院进行定期视察；③各学院应做年度报告；④列入受拨款名单的院校，如果不能履行正当职责不应期望继续受援。该委员会的授权范围是资金的“分配”“分发”和“使用”。

2. 1901—1919 年一系列特别委员会的设立

直到 1902 年，其他那些发展相对不成熟的城市大学学院才被政府考虑作为资助对象，拨款数额稳步增长。随着政府开始为高等院校提供拨款资助，拨款方式的选择问题开始提上议事日程。起初政府是通过一系列特别委员会的方式为大学提供拨款，直到 1905 年《霍尔丹报告》（The Haldane Report）发表后，政府才成立了一个常设性的大学学院拨款咨询委员会负责大学学院的拨款事宜。该咨询委员会原本是财政部负责，后为了管理方便而转向中央教育局负责。1909 年政府成立了一个开发委员会，以促进农业和渔业领域的科学研究。1913 年政府又在医学领域成立了一个类似的委员会，为科学和工业研究提供经费。第一次世界大战爆发后，为了进一步增强英国的经济和军事实力，政府又于 1915 年成立了科学和工业研究署（Department of Scientific and Industrial Research）。这三个政府机构都拥有大量的研究开发基金，成为大学科研资金甚至研究生教育的一个新的政府资金重要来源和推动力量。

3. 1919 年成立大学拨款委员会（UGC）

第一次世界大战对大学与政府的关系产生了极为重要的影响。尽管在第一次世界大战中大学的教学只能有所收缩，但是他们与政府的关系通过战时的研究开发工作变得更加密切，同时战争也提高了大学在国家生存与发展中的地位。政府认识到大学在和平时期对社会的价值，国家的繁荣和进步在某种程度上有赖于大学，基于这点认识，政府负责给大学提供一部分经费。家庭和战场迫切需要的药物、军火和其他一部分消费品是大学努力做科研的成果，同时大学培养了大批专门人才，为取得大战的胜利作出贡献。第一次世界大战后，英国奠定了近代国家大学拨款的基础，在国家干预福利立法的氛围下，认识到大学教育对国家和公民个人的价值。同时，认识到大学现有的资源和经费已消耗殆尽，需要国家资助。然而，第一次世界大战后英国面临的经济困境和通货膨胀，使得大学的捐献收入减少，财政困难加重。在这样的背景下，英国财政部于1919年7月正式成立大学拨款委员会（University Grants Committee，UGC）。委员会的授权范围是“调查联合王国大学教育的财政需要，并就议会为满足这些需要所确定的拨款的使用向政府提出建议”。大学拨款委员会的历史，在某种程度上是英国政府和英国人民对高等教育的态度演变的历史，在其存在的70年间，大学拨款委员会随着英国政府和英国人民对高等教育的态度的发展而发展。在不同的历史时期，大学拨款委员担负不同的任务。1919年，它的授权范围就是提出调查大学教育的财政需要。1946年，英国高等教育面临新的任务，大学拨款委员会在原来的授权范围基础上加上了“收集、考察和提供一切有关国内外大学教育的信息；并协助大学和其他有关团体磋商、准备和执行任务”。1964年英国高等教育发展的新形式，使原来设在财政部的大学拨款委员会转移到教育和科学部。

《大学拨款委员会和英国大学的管理》一书中把大学拨款委员会的历史划分为四个时期①：①1919—1963年，大学拨款委员会起着政府和大学之间“缓冲器”的作用；②1963—1979年，在后罗宾斯时期政府要求大学拨款委员会起到战略作用；③1979—1983年，大学拨款委员会执行保守党的紧缩政策，备受各方责难；④1983—1989年，大学拨款委员会继续执行保守党有争议的紧缩和改组政策，其地位岌岌可危。

---

① Shattock M. The UGC and the Management of British Universities [M]. Buckingham: The Society for Research into Higher Education and Open University Press, 1994, PP. 27—28.

4. 1989 年成立大学基金委员会（UFC）、多科技术学院与其他学院基金委员会

政府拨款的主要特征是“软资金”，这意味着政府不干涉大学资金的使用。然而政府对这种拨款方式越来越不满意，因为高等教育“生产的产品”不符合政府的需要。因此，政府决定改变经费拨款的机制，变“软资金”为“硬资金”。1985 年 7 月，撒切尔政府成立了一个专门委员会，负责对大学拨款委员会的法定地位、作用和结构进行全面的评价，经过近两年的调查研究，该委员会于 1987 年发表《大学拨款委员会评论》，指出大学拨款委员会存在很多问题，其不能有效地促进英国高等教育的发展，因此必须依法改建大学拨款委员会，使之成为教育与科学大臣领导下的独立机构，由一名有十五年丰富经验、对高等教育有强烈兴趣的著名校外人士担任委员会主席，享有一定的职权，委员会成员中大学和非大学的成员数必须大致相同。撒切尔夫人为首的保守党内阁大臣们经过多次商讨，接受上述建议，并颁布 1988 年《教育改革法》。其中，影响高等教育拨款的四个条款是：①免除地方控制多科技术学院和大部分其他院校的权利；②大学基金委员会代替大学拨款委员会；③废除大学授予终身聘任制度的权利。在此法案中，大学基金委员会和教育与科学部被首次赋予法律权力：告知大学如何使用政府资金。如果大学使用经费不当，那么下一次申请获得经费时有可能会被削减，但是大学基本上可以自由按自己的意愿使用大学基金委员会所提供的经费。

1989 年 4 月 1 日成立大学基金委员会。多科技术学院和规模较大的学院脱离地方教育局成为独立的高等教育部门，并成立多科技术学院与其他学院基金委员会。从此，大学拨款委员会被大学基金委员会、多科技术学院与其他学院基金委员会所取代。

5. 1993 年成立高等教育基金委员会（HEFC）

1991 年 5 月，英国政府发布高等教育白皮书《高等教育的框架》。该白皮书指出："大学与多科技术学院和其他学院之间的区分，即所谓的'双重制'，已经成为高等教育进一步发展的阻碍。因此，政府建议废除'双重制'，建立一个单一的高等教育框架"。并指出了英国高等教育拨款机制改革的四个方向：①建立一个大学、多科技术学院和高等教育学院相统一的拨款机构；②在英格兰、苏格兰和威尔士分别成立高等教育基金委员会，负责分配国家提供的教学和科研经费；设置新的联络机构以继续与北爱尔兰现有的统一机构保持密切联系；③在各个基金委员会内部设置质量评定机构，对各个高等院校的相对质量进行指导；④各个基金委员会合作，以维持共同的质量评定方法。1992 年《继续和高等教育法》颁布后，高等教育基金委员会（HEFC）于 1993 年 4 月 1 日成立，废除了先前大学和多科技术学院之间的二元格局，先前分别负责为大学拨款的大学拨款委员会（UFC）及负责为大学以外的高等教育机构拨款的多科技术学院和其他学院拨款委员会（PCFC）被统一的高等教育拨款委员会模式取代。根据所在地区的不同分别成立了不同的高等教育拨款委员会：英格兰高等教育拨款委员会（HEFCE）、苏格兰高等教育拨款委员会（SHEFC）、威尔士高等教育拨款委员会（HEFCW）和北爱尔兰就业与学习部（DWL）。除了北爱尔兰就业与学习部是政府机构负责拨款外，其他都是由议会决定拨款额度，拨款机构分配到各个学校。

高等教育基金委员会是一个非官方的机构，成为英国高等院校（除了英国唯一的一所自治大学白金汉大学之外的所有国家公立高等院校）共同的经费拨款机构，负责分配英国政府的高等教育经费。高等教育拨款委员会并不隶属于英国教育与技能部（DFEE），它在政府和高等学校之间扮演了缓冲器的角色，它将教育与技能部和国务大臣制定的政策通过拨款转化为高校的实际行动。高等教育拨款委员会对拨款学校的教学和科研质量负有责任，还要保证拨款使用合理。1909年政府成立了一个开发委员会，以促进农业和渔业领域的科学研究。1913 年政府又在医学领域成立了一个类似的委员会。第一次世界大战爆发后，为了进一步增强英国的经济和军事实力，政府又于 1915 年成立了科学和工业研究署。这三个政府机构都拥有大量的研究开发基金，成为大学科研资金甚至研究生教育的一个新的政府资金的重要来源和推动力量。

二、英国政府对教学和科研的拨款模式

中介拨款组织一直被人们看作是大学和政府之间的一个“缓冲器”，它一方面确保政府的财政拨款能顺利地下达到各大学，另一方面又使得大学“自治”的传统免受不必要的政府行政干预的损害。虽然政府部门不与大学直接发生关系，但政府的干预和控制并未消失。政府确定对高等教育拨款的资金总额，并根据国家高等教育的政策目标和重点提出资金分配的指导原则和总体比例；拨款机构依据国家确定的原则，提出和改进具体操作办法，通过透明、公正的方式把资金分配到各个高等学校。拨款机构对教学和科研拨款是分开拨付的。教学拨款主要体现公平性原则，相近的教学活动按类似的单位标准拨款；科研拨款则主要体现竞争性原则，科研能力强、业绩优者可获得更多的拨款。另外，英国在科研拨款上采取了经常性和项目性科研拨款的

双重途径。英国实行基金制拨款后，取得了以下明显的成效：避免了政府部门对大学活动过多的干预，保持了大学的自治传统；降低了大学对政府财政的依赖程度，降低了政府财政来源的变动对高等教育的冲击；在拨款实践中，引入了竞争机制，使经费的分配更加公平、公正、透明。

教学经费和经常性的科研经费主要由设立在英格兰、苏格兰和威尔士的三个高等教育基金会和北爱尔兰的就业与学习部分别拨付。科研经费的拨付则是通过所谓的双重科研拨款体制来进行，即除了经常性科研经费是由高等教育基金会负责外，另一块科研项目拨款则是由研究基金会（由六个科研委员会和艺术与人文研究委员会组成）来拨付。

（一）教学经费拨款模式

教学拨款在高等教育拨款中是有专款保证的，按照在校学生的规模和培养学生的基本成本来确定拨款，同时参照原来的拨款基数确定。款项由高等学校自己支配，这种方法比较公平、灵活而且高效。拨款分为几个步骤，第一，计算标准资源，主要考虑因素有教学拨款的总量、学生人数、学科设置和学校情况，考虑到学科培养成本不同，将学科按照培养成本分组，每组设置不同的权重系数。另外还要考虑学校的特殊情况、额外补助等，将这些因素折合成全日制普通学生数，再通过以下公式计算出教学拨款基准值：教学拨款基准值 = 当年国家用于教学的资源总量除以加权全日制学生总量；第二，以每所高校前一年度实际获得的拨款为基础，参考学校学生数、通货膨胀率，在学费变化的基础上对拨款进行调节；第三，将前两者进行比较，差额控制在5%以内就可以执行拨款，如果两者之间的差额超过了这个规定范围，要么拨款机构调整预期拨款额度，要么学校需要调整其招生人数。

高等教育基金委员会对高等院校的拨款中，有专门款项用来支持高等学校的教学，即教学拨款（也称为教育经常性经费）。此项拨款的宗旨在于提供高质量的教学，以满足学生、雇主和国家的需要。教学拨款的基本原则是参考原拨款基数，按照培养学生的基础成本和大学生的规模来确定拨款数额。相近的教学活动给予同一标准的拨款。如果对类似的教学活动有任何区别性的拨款标准，必须有充分、合理的解释，这就保证了制度的规范性与程序的公认性。这种方法为大学提供了相对稳定的款项，基本上是科学、可比、透明的。但是在很大程度上，教学拨款的额度往往只是维持历史水平，这也逐步暴露出其不完善的方面。近年来，高等教育基金委员会对教学拨款的方式也在逐步调整，通过与高等学校进行更密切的磋商，力求在公平、公正的基础上尽可能兼顾到其他特殊情况（如半日制学习的学生和来自弱势群体学生的额外花费），争取新的教学拨款办法能与更大范围地扩大高等教育机会的政策相适应。教学经费的拨款模式包括以下几个方面。

（1）教学质量评估。高等学校教学质量评估的结果会直接影响教学经费的划拨。高等学校内部质量评估机制如下：

①英国高等学校内部的质量评价主要有两种类型：一是课程评价，高等学校通过规定课程设计、课程审批、课程监控和评价等程序，确保专业教学在质量和标准方面责任的落实。二是学校评价，通常每5年举行一次学校评价。各高等学校都聘请外部的考核专家，向高等学校的领导做报告。外部考核者是独立的学术专家，抽调于其他高等学校，或者来自于相关的专业领域，他们会针对特定课程的实施情况给

出公正意见。高等学校要求外部考核专家主要就以下方面形成报告：通过参考学科综述、国家质量体系框架、高等学校的课程说明和其他相关事项，分析所设定的授予学位的标准是否合理；学生学习成绩的标准与英国其他高等教育学校开设类似课程学生成绩标准的可比性；学位的评估、考取和授予过程在多大程度上是合理的，是否公平进行。

②高等教育质量保证署（QAA）进行的教学质量评估。高等教育质量保证署致力于学术标准的建立、保持和提高，致力于对实现学术标准的机制和办法的监督和评估，从而翻开了英国高等教育质量保证历史新的一页。学术评价的评价周期为6年，在此期间每个学校及其所有的学科都将得到评价。

（2）教学拨款的计算步骤如下：

①计算标准资源（standard resource）。标准资源主要由当年用于教学拨款的资源总量、全部大学生人数、学科设置、院校的情况等几个方面因素决定。大学生人数为全日制普通学生数，非全日制普通学生通过一定比例折算为全日制学生数。不同学科的教学花费不同，因此高等教育基金委员会根据花费的不同将学科分成四个价格组，对于每一个价格组，都有一个“费用权重”。在计算标准资源时，还把学校特殊情况的额外补助考虑在内，主要包括高等学校所处地区物价情况和交通状况、小型学校（全日制学生少于1000人）、专门性（单科性）院校（60%以上的课程集中于1～2个学科）及拥有古老建筑的学校。把以上因素统统考虑进去，按不同的比例折算为全日制普通学生数，称为“加权全日制学生数”。将当年用于教学的款项，包括HEFCE的拨款及收取的学费（不含研究生、留学生、培训生学费）总量，除以全国加权全日制学生数，得到的数值称为教学拨款“基准价”（basic price）。每所高等学校的标准资源总量（理论上可以获得

的教学拨款）就是本校的“加权全日制学生数”乘以“基准价”的结果。

②计算实际资源（actual resource）。对于每所高等学校每年实际能获得的教学拨款，高等教育基金委员会以该校前一年度实际获得的拨款为依据，根据以下情况对拨款进行调整：院校是否接收或保持了上年度确定的学生数、通货膨胀率、政府的扩招要求、学费的调整。

③计算标准资源与实际资源的差额。此差额控制在5%上下就认为是基本符合实际的。如果超出了此范围，高等教育基金委员会将调整拨款或者由高等学校调整招生人数。值得注意的是，由于英国大学生数量增加超过政府对高等教育投入的增长，因此平均每个学生获得的高等教育资源在逐年减少。

（二）科研经费拨款模式

科研拨款属于竞争性拨款。目前英国大学的公共科研拨款主要有两个来源，高等教育基金委员会是其中之一，另外一个科研拨款来源是由六个科研委员会和艺术与人文研究委员会（Arts and Humanities Research Council，AHRC）组成的科学研究基金会。这种双重科研拨款制度，将政府的科研拨款分为经常性科研拨款和项目性科研拨款两大部分。高等教育拨款委员会提供一般科研经费，用于资助大学科研人员和辅助人员的工资，科研活动所需的实验室、图书馆等；研究委员会实行竞争性拨款方式，提供具体的科研项目和研究生培养经费。科研拨款，首先，要确定每个学科的科研拨款总额。科研拨款总额的确定第一就是要确定从事科研活动的人数、当年国家已经确定的科研拨款数额、慈善机构捐款等多个因素的数值。用从事科研活动的人数与不同学科不同的费用权重系数相乘，所得数据与科研拨款总量进行比较，得出我们需要的单位标准额度，用单位标准额度乘以不同学科科研分量就得到不同学科整体拨款数额总量。其次，将科研拨款数额分配给各个学校，分配时考虑学科因素而非学校。用科研拨款单位标准额乘以该校从事某一学科科研活动的人数和这门学科的学科费用系数，再乘以科研拨款权重系数，得到该校某学科获得的科研拨款数额。最后，将该校所有学科获得的科研拨款加总就得到该校当年科研拨款总额。实行科研经费竞争性拨款很大程度上促进了英国高等学校科研质量的提高。

高等教育基金委员会负责经常性科研拨款，包括科研质量拨款、科研合同附加拨款和科研发展拨款三个方面，用于自主合作研究、支持高等院校内部的科研基础设施建设、公用基础科研平台（如计算中心、分析中心）建设、房屋以及科研设备采购和人员聘用、开拓科研潜能、承接与工商业界的项目合作。高等教育基金委员会根据科研的质量和水平，有选择地对科研进行拨款，有高水平成果的科研单位将得到更大拨款份额。具体如何使用科研拨款，学校拥有完全的自主权，高等教育拨款机构并不干涉。而由六个科研委员会和艺术与人文研究委员会组成的研究委员会负责项目性科研拨款，包括科研项目拨款、研究生学费资助、奖学金资助、向高校提供中心科研设施以及代向国际研究机构交纳有关会费。这些研究委员会实行的是竞争性拨款方式，基础工作是对有关高等学校的科研项目做出评估，并择优对具体科研项目予以支持。研究委员会审核、拨付的科研经费只能用于批准的科研项目，并直接资助项目本身。在这种双重科研拨款体制运作下，科研质量便成为科研拨款的重要判断标准，竞争性的项目拨款方式和科研评价制度就应运而生。在拨付经常性科研经费时，将科研评价结果作为判断科研质量和拨款的直接依据；科学研究基金会则依据英国及海外的有关专家的评判结论进行科研项目经费的分配。科研拨款的实施步骤如下。

1. 科研评估活动（RAE）

科研评估活动（RAE）是英国高等教育基金委员会联合所有拨款机构，专门成立的针对高等院校的研究工作进行的 4～5 年为一次的科研水平评估活动。其目的是在对科研单位（相当于我国的学科点）进行水平评估的基础上，向有关高等学校分配科研拨款决定提出判断依据。科研评估的质量等级依据国家和国际的标准制订。除了给高等教育拨款委员会的拨款决定提供参考信息外，科研评估活动的结果还对工商界、慈善机构或其他组织的募捐研究有指导意义。所有的科研评估都以学科为基础划分为69 个评估单位（UOA），并成立60 个评估小组，一般是一个评估单位一个小组，也有几个单位共属一个小组的。每一个评估小组都由 9～18 位专家组成，其中约二分之一的专家是来自国外的著名专家，他们主要来自学术团体，也有工商界人士。拨款机构力求在任命人员结构中反映出地区覆盖范围、性别结构和高等院校的类型。评估小组的主席和成员以个人身份参与工作，不代表任何特定的机构和组织。专业评估小组用同一尺度标准对每一份提交的评估材料进行评估定级，主要根据科研成果达到国际、国内优秀标准的比例进行评判。科研成果一共划分为 1—5*（1，2，3b，3a，4，5，5*）七个等级。

2. 科研拨款方法

与科研质量和水平相关的拨款分为三个部分：反映高等学校各学

科科研活动水平的主流拨款；用于对研究人员进行管理的费用；以及由于科研活动所在地区不同（如伦敦）产生的额外费用。其中，最基本的是反映高等学校各学科科研活动水平的主流拨款，确定主流拨款大体分两个步骤：

（1）确定每个学科的拨款数额总量。根据不同学科的相对花费，将其归为 A，B，C 三类费用权重，再乘以每个学科的科研份额系数，便可以计算出每个学科的整体拨款数额。科研活动的量，主要由从事科研活动的人数以及获得慈善机构的捐款数额决定。其中从事科研活动的学术人员数是决定科研活动量的最主要的因素，从事科研活动的人数在科研评估活动中已被确定。

（2）每个学科拨款数额的总量在院校间进行分配。在科研评估活动中，按科研质量的等级确定其拨款权重。对于每所院校每个学科科研活动量的计算，与第一步相同。这样，就可得到每所院校每个学科拨款的数额。把学校各个学科得到拨款的数额相加，便是整个学校获得科研拨款的总额。这样的拨款办法具有很强的选择性，在科研评估中处于 1、2、3b 等级的学科单位将得不到公共拨款。

从科研活动的等级及拨款权重表的变化可看出，高等教育基金委员会的科研拨款资助政策有比较大的变化。首先，将能够获得科研拨款的资格，由原来的 3b 等级提升 1 级为 3a 等级，缩小了科研拨款的资助范围。其次，将科研拨款的标准基数，由原来的 3b 等级提升 2 级到 4 分等级，获得标准基数资助的学科只能是国内优秀、国际上有影响的学科，否则最多只能得到标准基数的 30.5%。再次，扩大获得科研拨款资助的差距，最高档次到最低档次的权重差距，由原来的 4.05 倍大幅度扩大为 8.88 倍。最后，略微降低了高花费学科的权重，由原来的 1.7 改为 1.6。这几方面的变化，尤其是前三个项目的变化，反映了在国家层面上大力支持高等学校的科研达到国际先进水平的指导思想，一般水平的学科不再能够获得科研拨款资助，同时也必然造成高等学校高水平研究力量和优势科研领域的重新组合和进一步集中。这个政策导向是非常有远见的，也是符合科学发展和高水平大学发展规律的。

3. 其他有关拨款

高等教育拨款机构也认识到，仅仅通过公式拨款，并非能让所有应该得到支持的教学、研究及其相关活动都能得到经费拨款，还需要设置一些地区和国家层面的项目。每一年高等教育拨款机构还提供特殊款项以达到更广泛的目标。特殊拨款涵盖了各项战略领域，国家层次科研设施建设等方面。高等教育拨款机构已经建立了引导拨款到战略优先领域的方案，以支持教学与科研战略性发展、支持大学的区域合作项目、增强学校对商界和社区需求的反应能力，同时重点资助国家层次的科研基础设施建设，例如，在国家 IT 基础设施上的投资、联合学术网络（Joint Academic Network）和国家数据库的建设以及建设高等学校电子图书馆等。在国家层次的科研基础设施建设方面，高等学校还获得了英国政府贸易工业部所属的科技办公室和各研究委员会的大量资助。根据国际上的最新发展，科技办公室等单位每隔 5 年左右，选择 1 ～3 个重点科研领域，集中投资建设最先进的科研实验室，在世界范围吸引最优秀的科学家来此工作，很快形成有关学科的国际中心。这样的实验室往往建立在高等学校。高等教育拨款机构也设立了跨学校的联合研究专项基金，支持全英国科研力量的优势组合。高等教育拨款机构还有专项拨款用来资助和发展高等学校教师队伍。这项拨款主要被用在重要的战略领域，使之能够培养一支高水平的学术队伍并能使其保持高水平状态。高等教育拨款机构拨款额度是在每年的3月31日之前（新学期开学前）确定，拨款进度是按月拨款。

英国REF评估中的三大要素及其评估标准充分考虑了学科之间的差异，也考虑了不同类型学校之间的差距，其评估办法的竞争性不以学校为主，而以学科为导向，制定多元化评估标准，避免“一刀切”的机械评估标准。与英国REF基于学科的新型评估体系相比，我国的高校科研评估更多地强调“分类评价”，即以项目类别、研究类别等的不同特点进行分类评价，而不是按学科的特点和性质进行分类。另外，高校科研评估标准单一、轻视学科差异性，常采用发表论文、著作等数量指标作为评价标准，从而导致科研评估出现重形式轻实质的现象，这很大程度上挫伤了科研人员的积极性，也不利于学科之间的融合发展。因此，科研评估标准要多元化，以学科为基础拟定适应学科发展的评估标准。另外，也要考虑不同类型的高校在科研水平和科研能力方面存在的差距，建立多元的评估标准。

第三节　日本高等教育的拨款制度

第二次世界大战后日本高等教育发展迅速，20世纪70年代实现了高等教育大众化，21世纪初开始步入普及化阶段，发展如此之快的原因在于官、民两种办学主体并存，双重主导的发展模式。第二次世界大战后日本私立高等院校一直占学校总数的近80%，国立和公立占20%多。换言之，70%的学生就读于私立院校，而超过20%的学生就读于国立和公立学校。20世纪90年代以后这一比率进一步向私学倾斜，国立院校占整个高等学校的比率一直下降，1992 年为 15.9%，1995 年降到 14.6%，2000 年又降到 12.2%，进一步突出了日本高等教育私学主导型特征，同时也反映出日本高等教育财政政策的重点转移。由于国立、私立学校的办学主体不同，其经费的主要来源各异，国立大学称为国库依存型学校，学校财政主要来源于国家财政拨款；而私立大学则称为学费依存型学校，学校经费主要依存于学生缴纳的学杂费，学校财政基础较为薄弱。因此，第二次世界大战后日本政府为了改善私立学校的经营状况，促进高等教育健康发展，提高教育质量，制定了《私立学校振兴助成法》，开始对私立高等院校提供财政性补助。从此日本政府在私立高等院校财政构成上发挥了一定的补充或辅助性作用，充当着辅助性机构的职能。由于《私立学校振兴助成法》的颁布也使日本高等教育财政拨款制度由单一的国立学校特别会计制度向多元化发展。

随着高等教育的不断深入发展，教育财政拨款制度的改革成为日本高等教育所面临的问题。自 20 世纪 90 年代以来，日本高等教育财政面临着重大转折，以往以定量为基准的统一分配制度无法适应时代的要求，迫切需要形成一种以效率为准则的资源配置制度体系，以期有效地发挥政府投资杠杆的作用，引导教育发展，实现国家可持续发展的目标。

一、高等教育经费拨付

日本高等教育的主要特征就是双重结构。日本大学分为国立大学、公立大学、私立大学，国立大学和公立大学学校经费的主要来源都依赖财政拨款，文部省依靠国家税收对国立大学进行拨款；地方政府的公共事业支出以及国家适当补助是公立大学经费的主要来源。总体来说，教育经费是按设置者负担的原则来进行筹资的。日本高等教育实行中央和地方两级管理，中央政府对国立大学拨款，同是也向公立大学、私立大学提供补助。地方方面，让民间力量参与到提供教育服务中，国家以财政补贴的形式扶持私立学校的发展。日本高等教育财政因而具有以下多元化的特征：一是以国家财政性投入为主体的国立学校特别会计制度，国立学校特别会计制度构成了日本高等教育财政制度的核心，国立大学财政收入对国家依赖的程度比较高，独立性比较小，同时国立学校特别会计制度以特例的形式制定了机动条款，为国立高等院校筹集更多基金；二是地方政府向公立高等院校支付补助金的制度；三是以国家财政性补助为辅的私立学校振兴补助制度。

（一）国立高等教育政府拨款

在国立大学法人化以前，国立学校特别会计制度一直是日本高等教育财政制度的核心。根据“谁设置谁负担”的原则，国立学校的经费应由国家负责，列入国家财政预算，通过设立国立学校特别会计制度向国立学校进行财政拨款，国立大学财政制度包括在国立学校特别会计制度之中，该制度是 1964 年为充实扩大国立学校财政从一般会计制度中独立出来的，独立后的国立学校特别会计制度不是以独立核算为目的，而是以充实国立大学财政、改善教育环境、提高教育研究质量为宗旨。国立学校特别会计制度并不是第二次世界大战后才出现的，在第二次世界大战以前日本政府就已制定、实施了；战后由于国家财政不振，该制度于 1947 年被废除，这样国立学校院校财政制度又回到了国家一般会计制度之中。后来由于国立大学预算急需恢复、重建，却得不到相应的制度支持，致使国立大学的重建受到严重影响，日本文部省及国立大学从建立国立大学财政的角度出发，提出恢复国立学校特别会计制度，经过研究审议于 1964 年该制度得以恢复，之后曾进行过多次修改，形成了大学法人化前一直推行的国立学校特别会计制度。根据国立学校特别会计制度的规定，国立高等院校的所有收入，包括政府的各项财政装款、学费、入学金、审查费、医院收入等学校自筹资金，原则上不能留在学校内部，均须上缴到国立学校特别会计处，纳入预算，进行统一管理、分配。日本国立高等院校在财政上的独立性较小，政府对国立高等院校的财政管理比较产格，但是，为充分调动国立高等院校自主办学、自筹资金的积极性，国立学校特别会计制度还以特例的形式制定了有关机动条款，例如：①建立长期贷款制度，用于具有一定目的性的学校建设；②建立年度内的短期贷款制度；③决算后部分剩余资金可作为公积金积存；④收入高于预算金额时，可将超出部分用于发展教育事业；⑤教育事业费可按经费包干规定，根据实际情况灵活掌握；⑥建立委任会计制度，捐赠款由各大学自主管理、支配使用；⑦土地处理的收入可作为整个国立学校的设施设备基金使用等。这些机动条款扩大了院校在财政上的独立性和经费的自主使用权。

国立学校特别会计拨款项目主要包括教育事业费、学校基建费和科学研究费三种，其中教育事业费分配到各校后学校可根据本校发展情况自主分配，决定配置金额及其配置方法，因此，各校对经费分配、使用的情况有较大不同。不过从总体来看，教育事业费用于教育研究领域的近 50%，而学校共同使用的经费及各学部的事业费等占 50%，在经费使用上有一定的共同性。

根据2003年日本国会通过的《国立学校特殊行政法》的规定，自2004年4月1日起，日本的国立大学都将变为由国立大学法人经营管理的大学，这样实施了长达40年之久的国立院校特别会计制度也被废止，取而代之的是将国立大学的运营费纳入到一般会计制度中，从一般会计制度中向国立学校支付运营费。法人化以后的学校与政府变为契约关系，国立大学可以与政府签署5年左右的契约接受政府财政拨款，政府可根据大学的办学情况随时减少或停止财政拨款。这样，其财政制度随之发生相应变化，出现部分改动，例如：①禁止接收地方公共团体捐赠款的规定在某种程度上得到缓解，根据情况可接收其捐赠款。②土地及建筑物处理需经过主管大臣批准，但其收入原则上可按一定比例留给学校作为校方的收入，剩余部分用于国立学校法人的设施设备基金。③教育事业费的计算方法将分为两种：一是计量计算法，二是特定计算法。前者根据师生比的客观指标计算拨款经费额，这项经费称为学校基本经营经费；而后者则根据各学校的特定研究所需设施设备及开展特定事业所需经费额给予拨款，这项经费称为特定经营经费。

从财政拨款来看，国立学校特殊行政法人化以后，学校教育事业费及设施设备费基本与以往拨款制度相同，仍以国家财政拨款为主要财源，但同时要求学校通过各种渠道扩大自主财源。通过长期贷款、出售闲置土地增加学校收入，以期提高学校自身的自主性和自立性等政策性条文规定也越来越多，其目的是随着学校自主财源的不断扩充，将学校设施、设备的所有权由国家移交给学校。再有，允许国立大学接收地方公共团体的捐赠，特别是地方公共团体有责任向地方国立大学投资等规定意味着国立大学逐渐移交给地方，实现国立大学地方政府化管理。大学法人化后的拨款制度改革使国立大学的教育经费有所减少，相反，竞争性资金大幅度增加，这是由日本政府财政预算结构改革所引起的，即减少一般性开支，加大重点投入的改革方针。基于这一方针，在文部科学省的教育预算中也充分显示出减少一般支出，减少的一般支出的部分用于科学技术振兴费。从日本国立大学法人化制度实施以后的拨款情况看，国立大学的教育经费比法人化以前减少了 10% 以上，而科学技术经费却增加了近 6%。

（二）公立院校教育经费拨付

公立高等院校属于地方政府设置，属于地方公共事业单位，依据学校教育法中的“谁设置谁负担”的精神，以及地方财政法第九条规定的“地方政府和地方政府的机关事务所需要的经费由该地方政府负担”，公立高等院校的教育经费由地方政府财政负担。同义务教育一样，中央政府对公立高等院校的教育经费也不是就此置之不理，为了消除由于各地方经济发展水平参差不齐导致的公立高等院校规模和质量上的差异，为了避免由此引起的教育机会不均等的现象，以及减轻地方政府的财政负担，日本中央政府实施了国库负担、财政补助和地方交付税制度。前者是国家给予地方财政补助，推动地方教育事业的发展，其中包括高等教育事业发展的补助金制度；后者是为了调整地方财政上的差别，保证公立高等教育水平，每年从地方政府上缴的税金中抽出一部分，返还给地方政府以补助地方公立高等学校的教育经费。

公立高等院校属于地方公共事业单位，公立院校的高等教育经费由地方政府财政负担，国家会给予一定的补助金，但是补助金额很少。不同地区的发达水平不同，经济水平千差万别，这会影响到公立高等院校的规模和质量，从而导致教育不均衡发展。增加国家财政负担的比例，完善财政补助制度和地方交付税金制度是政府主要采取的三个措施。通过这些措施，日本政府有效消除了地区发展不均带来的教育资源分配不均的现状，同时也减轻了地方政府的财政压力。国家为了促进地方教育，给予学校地方性财政补助，制定了国家负担和财政补助的制度；为了保证高等教育均衡发展，促进公立高等学校教学水平，政府制定了地方交付税金制度，保证一定比例的地方公立学校教育经费。

《国立学校特殊行政法》和国立学校特殊行政法人化正式实施之后，学校和政府是契约关系，国家财政拨款主要负责学校教育事业费及设施设备费，为了把学校设施、设备逐步移交给学校管理，政府要求学校通过各种渠道不断扩充自主财源，通过长期贷款、出售闲置土地增加学校收入，以期提高学校自身的自主性和自立性。国立学校特别会计中包括政府财政拨款和学校自筹经费，日本财政性拨款在国立学校特别会计中约占50%～60%，国立学校特别会计拨款项目主要包括教育事业费、科学研究费、学校基础建设费。政府以学校规模、办学质量、科研能力等作为标准进行拨款，经费分配到各高校后，由学校根据自身发展情况自主使用。

（三）私立院校教育经费拨付

私立院校的收入主要来源于学生交纳的学杂费，政府补助金在私立院校财政收入中只起辅助性作用，约占私立院校教育事业费的百分之十几。日本政府财政性补助是通过私学补助金制度实施的。1976年，日本政府公布了《私学振兴助成法》，该法规定，“国家及地方公共团体应重视振兴教育的必要性，遵照法律条文给予学校法人及私立学校必要的补助”，以提高私立学校的公共性，达到私立学校健全发展的目的。那么，为什么到20世纪70年代才出台了《立学校振兴助成法》？早在1918年颁布的《大学令》中指出，私学也是“为国家之需要”的高等教育机构，但私学不同于公立学校和国立大学，私立大学的设置要求：必须拥有可维持学校正常经营的资金和获得充分收入的财团法人，换言之，就是私立学校应由学校法人负责其全部经费，为此，在私立学校出现之时便决定了它的性质：公共性和财政上的自主性。直到1949年《私立学校法》颁布以后，政府才开始对私立学校支付部分补贴。《私立学校法》第59条规定：“国家及地方公共团体认为有必要振兴教育之时，可予以必要的资助。”随着高等教育的高速发展，20世纪六七十年代私学的增长速度令人震惊。这种超常发展带来的结果是质量的严重下降。因此，控制高等教育规模进一步扩大、提高教育质量就成为20世纪70年代日本高等教育政策改革的重要课题，其重要举措之就是《私立学校振兴助成法》的颁布与实施。《私立学校振兴助成法》中写道：“资助的目的是为了改善私立学校的教育条件，减轻私立学校学生的经济负担，提高私立学校经营基础，以使私学健康发展。

日本政府对私学资助的形式有两种：一种是通过私学，振兴财团进行的低息贷款制度，目的是改善学校设施设备、征地、建校舍等；另一种是政府直接出资，用于补充私立学校的教育事业费。《私立学校振兴助成法》中规定的补助属于后项补助。该项补助主要以教师工资和教育研究费为补助对象，规定补助金额最高可以达到学校教育事业费的1/2之内，补助比率之大是前所未有的。《私立学校振兴助成法》的颁布使政府向私立高等院校支付的补助金有了法律保障，同时也使日本高等教育财政制度向多样化迈进，使私学的财政危机状况得到了较大的改善，减少了赤字经营的学校法人，教育研究质量有了明显提高。因此可以说，《私立学校振兴助成法》在现代日本高等教育史上，特别是对提高高等教育质量作出了巨大贡献。

日本政府向私立学校支付的补助金制度包括私立学校教育事业费补助和私立大学及研究生院设施设备补助两种。私立学校教育事业费补助又分一般补助和特殊补助，一般补助主要用于教师工资、基础研究、教职员福利等；而特殊补助则侧重于提高研究生教育质量、促进学术研究、实施情报化和国际化活动、振兴终身教育以及促进大学教育改革等领域。日本政府财政向私学提供资助的具体办法是向私立学校振兴财团拨款，然后由该财团再向各私立高等院校支付，支付金额根据一些指标而定，如学校是否按计划招生、师生比、研究生和本科生教育研究及教育改革的实施情况、教育评估制度的执行状况等。资助以积分的形式进行计算，积分越高补助金越多。近年来，日本将高等教育向高层次发展，所以，研究生院教育的发展及情报教育、教育评估制度的实施作为重要因素越来越受到重视，在积分中所占比率逐年提高，这样一来，来自政府的财政补助出现了倾斜配置倾向，例如：在 2001 年新制定的特别补助分配标准中，把推进高等教育向高层次发展，形成研究生院教育基地，构建职业型研究生院，促进科学研究以及情报化教育研究和推进大学改革等作为重点配置领域，加大投入力度。20 世纪 90 年代，由于倾斜配置的政策导向使得教育事业补助金中的特别补助金额所占比率直线上升，而政府支付的补助金占学校教育事业费中的比率逐年下降。《私立学校振兴助成法》没规定补助的下限，这使私立学校教育事业费中来自政府的财政补助比一降再降，失去了保障，给学校的正常经营带来一定影响，同时也给确保提高教育质量带来一些困难。另外，在《私立学校振兴助成法》中规定，对不符合条件的院校，政府有权利拒绝支付补助金。也就是说，按照有关条文，私立学校在接收政府财政补助的同时也必须接受政府的监督。

二、高等教育的拨款模式

日本政府对高校的财政拨款是借助从宪法开始的一系列明确的法律来保障的，并且是由中央政府、都道府县和市各级政府共同分担财政拨款的责任。日本现行的对高校的财政拨款主要有“双重结构”的针对性拨款和“内外评估”为依据的核拨方式。日本对高校的财政拨款在其特殊的办学主体的背景下显得十分特别，但通过评估来进行核拨的方式就类似于绩效核拨一样，与传统拨款方式相比具有很明显的优势，它为对高校财政核拨提供了重要的理论依据，同时也使社会及高校信息得到及时共享从而促进了社会资源合理高效的配置。

三、高等院校的科研经费投入

科研经费配置制度是日本高等教育财政拨款制度体系的重要组成部分。特别是20世纪90年代以来，加大科研经费投入力度成为财政制度改革的焦点。

（一）高等院校科研经费的基本情况

20世纪90年代中期，日本为实现经济增长方式的战略性转移，明确提出要通过科学技术创新重振日本经济，即科学技术创造立国论（简称立国论）。立国论中指出："要想使我国在国际竞争中持续发展、提高国民生活水平、为解决人类共同问题作出贡献，就必须通过我国宝贵的脑力资源实现科技创新立国战略，以期领先于世界。"基于这一基本认识，1996 年日本科学技术省制定了《科学技术基本法》（简称《基本法》），并根据这一法律制定出《科学技术基本计划》（第一次计划期为 1996—2000 年，第二次计划期为 2001—2005 年）。这两次计划都将把逐步扩大科研经费、加大科研经费投入力度视为实现总目标的关键，例如，在两次计划中都提出了要加大力度扩大政府投资，进行有效、高效的资源配置，从而提高研究开发质量，具体措施是：在第一次计划期间政府研究开发投资总额达到 17 兆日元（9524.93 亿元），第二次计划期间将其增加到 24 兆日元（13446.96 亿元），增幅为 41.2%，投资力度之大是显而易见的，研究开发经费投入的重点主要集中在材料工学、遗传学、环境科学和能源科学这四大领域，项目资助金额上限高达 5 亿～6 亿日元。2020 年，日本新设立的科研经费项目有基础研究、学术创造研究、特别领域研究（包括情报学研究、化学研究等领域）及特定领域研究等，其中特别研究及特定研究项目是第二期科学技术计划期间重点投入的项目，与此同时，日本文部科学省在高等教育预算中也加大了科研经费的投入力度，使科研经费不断上升，显示出近年科研经费在高等教育财政拨款中的重要地位。

（二）科研经费的基本类型

科研经费包括一般性科研经费和竞争性科研经费，竞争性科研经费是科研经费谋求效率与效果的产物，也是科研经费分配制度改革的焦点，无论在日本政府科研经费预算中还是在文部科学省所掌管的科研经费中，其经费项目的增设及其金额的增加尤为引人注目。在第二次计划中指出，2001—2005 年竞争性研究经费将增加一倍。2000 年竞争性科研经费达到 0.3 兆亿日元（168.09 亿元），占政府科学研究预算的 8.9%，预计到 2005 年上升到约 20%。大幅度增加竞争性科研经费是日本政府科研经费配置的重点。日本竞争性科研经费分配到各个省内，文部科学省 2020 年占其总额的 76.6%，成为竞争性资金的主要管理机构。文部科学省所管的竞争性科研经费主要用于科学研究补助、战略性创造事业以及科学技术振兴调整等项目，其中科学研究费补助成为竞争性科研经费中的主要项目。

在文部科学省设置的竞争性科研资金项目中，科学研究补助金制度是日本基础研究的主要经费来源，目的是充分鼓励科研人员的自由创新意识，培养出色的科研人才，不断发展交叉性学科的研究领域。基于这一目的，又在科学研究补助金项目内设置了多项资助领域，如基础研究、萌芽研究等，以期达到经费项目的预期效果。

（三）科研经费的申请与管理

日本高等院校的科研经费由日本文部省和日本学术振兴会负责，其分别负责课题的申报审批和经费管理。文部省主管的特别推进研究、特定领域研究、萌芽研究、年轻学者研究等由科研经费资助的课题申请，一般在每年的 11 月开始受理申报，12 月至翌年 6 月为评审方针和组织专家进行评选时期，7—8 月为决定各项课题资助金额和办理拨付手续时期。由于各类研究课题的资助金额和资助期限不尽相同，尤其是被列入“特别领域研究”的课题，一个课题的资助金额就可能达到6亿日元，从组织专家评选到最终确定予以资助，其所需要的时间可能要比其他小金额资助课题会更长，因此最终的资助决定有时要到9月上旬才能通知课题申报人。

日本学术振兴会主管的基础性研究、奖励研究等由科研经费补助金资助的课题申请，一般在每年的11月下旬开始受理申报，12月中旬决定评审，翌年1—2月为组织专家进行第一阶段评审（按专业领域由专家对书面材料进行初审）时期，3月为组织专家进行第二阶段评审（根据第一阶段评审的结果，按专业领域组成专家组集体进行评审并确定资助金额）时期，4月内部通知课题申报人初步的评选结果，6月初正式通知并拨付科研经费补助金。

根据《补助金规范化法》和文部省的《科学研究费补助金使用规程》等法规的规定，科学研究经费补助金的支付项目可划分为六大项，即设备物品费、消耗品费、国内旅费、国外旅费、酬金和其他费用。另外，属于“基础性研究c”类别资助（一般资助金额500万日元以下）的课题，如不购置设备物品，支出项目中的“设备物品费”可改为“会议费”和“印刷费”。原则上，国立大学的教师竞争获得的“科学研究经费补助金”，由文部省或日本学术振兴会汇入大学的银行账户后，校方应立即通知教师本人转入以教师本人，即课题负责人的名义在指定的银行开设的专用账户，由研究课题的负责人管理科研经费补助金的使用。科研经费补助金的各项支出，原则上应按照批准的各项目额度来执行，但在具体的研究工作中，会出现一些特殊情况，有时不得不对各项支出做出一些调整。因此，在不超出科研经费补助金总额30%的范围内，或者在不超出300万日元的范围内，可以自行在各项支出之间进行适度的调整。

（四）科研经费配置制度

科研经费配置制度是日本高等教育财政拨款制度体系的重要组成部分。这里的科研经费包括一般经费和竞争性科研经费，21 世纪以后大幅度增加竞争性科研经费分配的重点。文部科学省管理着大部分的竞争性科研经费，将其用于科学研究补助、战略性创造事业以及科学技术振兴调整等项目，其中科学研究补助是日本基础研究的主要经费来源，主要对于具有独创性、前瞻性的科研项目给予资助。

第四节　美、英、日三国高等教育财政拨款特征

公式拨款是美、英、日三个国家高等教育财政拨款普遍采用的一种拨款模式，它依据一些具体的量化指标来决定拨款的数额，公式拨款减少了许多人为因素，提高了拨款的效率。各国的公式拨款没有统一的模式，每个国家根据本国实际确定不同的公式，有的甚至一国内不同地区也存在着不同的公式，例如美国各州由于权重因素的不同，公式就不同。目前各国实行的拨款方式多为几种方式的混合，主要还是以公式拨款为主，同时引入绩效指标，促进高等教育的竞争，提高资金的使用率。

一、高等教育财政拨款基本情况

（一）高等教育财政拨款的构成

在高等教育拨款中，教学拨款的比重是最大的，其次为科研拨款。政府在拨款时将教学、科研分类拨付，这样既能促进财政拨款的有效使用，又方便了对财政拨款的监督。美国的财政拨款侧重于对学生的资助和科研项目拨款，公立高校的经常性教学拨款则主要由州政府解决，私立高校的经常性教学拨款最主要的来源是学生的学费。英国高等教育基金委员会对高校的拨款中，教学拨款达到 60%，科研拨款约 20%。

（二）拨款机构的设立

三个国家都成立了专门的机构负责对大学拨款，中介机构对高等教育经费的核算、管理、运用以及对高校的花销进行监督、评估，充当了高校和政府之间的“缓冲器”，它能帮助政府把相应的责任赋予高等学校，同时又是高等学校的代言人，帮助学校向政府提出要求。这样国家能向高校施加影响的同时又有利于高校维护自身的自由。美国州立大学的经费由专门委员会负责分配；英国成立了英格兰高等教育基金委员会、苏格兰高等教育基金委员会和威尔士高等教育基金委员会；日本科技厅的资助方案拨款也是由政府吸收的大学、研究所和私人部门研究人员组成的委员会决定。

（三）评估与拨款的结合

各个国家越来越重视高等教育质量问题，高等教育质量评估在各国蓬勃兴起，各国都建立了评估机构，如英国的高等教育质量保证署、日本的学位机构。保证质量的同时，评估也同财政拨款结合。在英国，科研拨款是以评估为基础；美国的教育权利属于各州，拨款模式在各州之间呈现多样化。一般而言，评估对拨款的作用分为三个层次：教育认证结果直接影响到政府对学校的资助；公式拨款开始加入质量指标，逐渐引入了绩效拨款的方法和标准；科研拨款普遍实行项目竞标方式，充分反映了学校的学术水平和科研积累。日本的国家学位机构是第一个大学以外的国家级评估机构，其评估结果将会影响政府对有关高校的拨款数额。

（四）直接拨款与间接拨款并用

在美国，学生填表向教育部申请助学金，教育部根据学生家庭经济情况和实际需要对不同的学生提供数量不等的助学金。由于美国高等教育机构复杂，学生得到助学金的标准不完全相同。日本高等教育的奖学金计划由日本育英基金会执行，基金会的资金主要来源于中央政府、地方政府以及公司团体和学校等机构。奖学金的目的是资助经济困难的学生能够在大学学习，并且将资助方式和个人及社会回报相结合。

（五）国际高等教育拨款制度的发展趋势

美、英、日三国高等教育拨款都分为教学拨款和科研拨款，教学拨款保证高校的正常运转和发展的需要，一般通过公式拨款和协商拨款的形式拨付，此项拨款注重公平，主要考虑学校规模等因素；科研拨款主要通过竞争申请，这样能够提高经费的利用率。大部分国家大学与政府之间不是简单的二元结构，而是通过一个缓冲组织或者中介机构相联系，学校和政府之间设立这种缓冲机构既有利于保证学校的自主权又能够让国家从宏观上对学校进行管理；拨款中各个国家都强调公开竞争，同时引进绩效拨款的概念，通过竞争方式来激励大学和研究人员，这样既提高了资金的使用率又维护了各个高校间的公平。中央和地方在拨款中占据同样重要的地位，“中央加地方”的两级拨款模式，对于原本集权制的国家来说减轻了国家财政压力，对于分权制国家则是加强了中央政府高等教育的办学职能；各国都很重视法律手段的保护，美国大部分的教育补助金拨款都是由高等教育法确定的，英国的高等教育拨款委员会也是由高等教育法案设立的。各国都在加大高校的办学自主性，不直接干预高校内部事务，通过拨款间接地对高校实施宏观调控。

（六）教学拨款与绩效

许多国家采取将教学拨款与科研拨款相分离的做法。最传统的教学拨款方式是历史基数拨款法，现在更多地改为公式拨款。在公式拨款中，通常会考虑专业差异。采用公式拨款的主要国家和地区有：

1. 美国

在美国，17 个州采用公式拨款的方式，州政府通过拨款公式对高校的以下功能进行拨款：教学、补习、运行维护/设施设备、学术支持、图书馆支持、学生服务、机构支持、公共服务、科研等。大部分州的公式只包含这些功能中的几项，但几乎所有州的公式均包含教学。一般来说，教学拨款通常占公式拨款的绝大部分。

从 20 世纪 70 年代田纳西州首创绩效拨款模式以来，目前有 22 个州在实施绩效拨款，7 个州正在向绩效拨款过渡，10 个州进入正式讨论阶段（包括公立高教发达的加州和纽约州）。从绩效拨款所占拨款总额的比例来看，也从早期很低的比例提高到较高比例，有的甚至达到 100%，最早实行绩效拨款的田纳西州（针对所有的公立高等教育机构）目前已占到 100%；马萨诸塞州（针对所有的公立高等教育机构）占到 50%；密西西比州（针对公立四年制大学）2014 年之前占 15%，2014 年占 100%；俄亥俄州（针对所有公立高等教育机构）对于四年制大学，从 2010 年开始占教学拨款的 100%，对于两年制社区学院，从 2011 年开始占 5%；内华达州（针对所有公立高等教育机构）2015 年占 5%，每年增长 5 个百分点，直到 2018 年占 20%；阿肯色州（针对所有公立高等教育机构）2013 年占 5%，每年增长 5 个百分点直到占 25%；其他实行绩效拨款的州，该类拨款所占的比例较低，基本在 10% 以下。

2. 英国

英国高等教育拨款委员会（HEFCE）作为英国高等教育财政经费分配的执行机构，在英国高等教育财政领域的研究中具有重要地位。HEFCE 的拨款分为教学拨款、科研拨款和其他相关拨款。其中教学和科研拨款占到拨款总额的 80% 以上，绝大部分拨款都是采用公式拨款的形式确定的。拨款的依据包括学生的数量和类型、专业的差异、科研工作量和质量。一旦拨款数额确定，高校有权利在总的指导框架下自由支配资金的使用，同时也能够自由地决策从其他渠道获得的资金。教学拨款占总拨款的比例一般超过 60%，其中 80% 以上的教学拨款是通过 HEFCE 的主流拨款方法分配的。计算各个高校获得的主流教学拨款数额须经过四个步骤：一是基于各个高校学生的情况计算一项标准资源，包括学生的人数、学科相关的因素以及权重；二是计算拨给高校的假定资源，这项数据是在前一年对该高校的实际教学拨款数额的基础上，考虑高校招生情况、通货膨胀及假定的学生学费收入等因素调整得到；三是将标准资源与假定资源相比较，得出二者的差异百分比，差异百分比 =（假设资源 - 标准资源）/标准资源 ×100%；四是计算拨款数额。如果差异百分比没有超过 5%，HEFCE 将不会对该校的拨款政策进行调整。

（七）科研拨款与绩效

科研拨款通常分为竞争性和非竞争性两部分。各国家及地区都有竞争性科研拨款，通常都和绩效直接相关。在非竞争性科研拨款方面，各国家及地区的做法有些差异。英格兰实行典型的竞争性和非竞争性相结合的“双轨制”科研拨款。

在非竞争性拨款部分，英格兰高等教育拨款委员会根据对各个大学科研状况的定期评估进行拨款。因此，这部分拨款虽名为非竞争性拨款，但其实也含有绩效因素，准确地说，应该被称为准竞争性拨款。而在竞争性拨款部分，则完全是基于竞争原则，由大学的研究人员或研究团队向各个研究委员会申请科研项目资金。丹麦实行与英格兰类似的科研拨款制度。澳大利亚的科研拨款主要包括科研一揽子拨款和国家竞争性科研资助项目。科研一揽子拨款也考虑绩效因素。

美国的科研拨款除了主要由联邦政府提供的竞争性拨款外，也包括州政府提供的非竞争性拨款。非竞争性科研拨款公式的主导因素是注册学生数、上一年的科研支出等，有的州通常还基于教学拨款的特定比例来计算。在考虑上一年科研支出的情况下，也考虑绩效因素。

第五节 美、英、日三国高等教育的“卓越计划”

在创新驱动战略下，为推进世界一流科学研究发展，建设世界一流学科和一流大学，20 世纪 90 年代，特别是 21 世纪以来，主要发达国家政府纷纷启动了“研究卓越计划”，有效地提升了世界一流科研能力，推动了世界一流学科和一流大学发展。

一、美国竞争力计划和综合国家战略

20 世纪 80 年代，美国国家教育与经济中心出台了《高等教育与竞争力报告》，明确提出美国高等教育要努力提升美国的竞争力。2006 年时任美国总统的布什发起了《美国竞争力计划》（American Competitiveness Initiative，ACI），ACI 包含众多内容，如高等教育教学与研究、学术研发活动等。ACI 在实施后的十年里已获得 500 亿美元的研究基金，以及 860 亿美元的科学研究和技术研发活动经费。设置专项经费用于评估对象的选择与资助。2005 年 9 月成立了美国教育未来委员会，并出台了《综合国家战略》。该项计划在扩大高等教育入学、增加资助供给、强化责任三大方面做了详细规定。

美国于21世纪初先后实施了ACI和《综合国家战略》，旨在扩大高等教育的入学机会，培养创新型人才，保持美国科技与经济的领先地位。该战略具体包含三个方面：一是为美国公民提供具有竞争力的发展专业能力的机会；二是提高高等教育入学机会和教学质量；三是不断实现创造性知识的应用。美国ACI重点资助研发活动，主要包括三个部分：一是高等教育机构尤其是研究型大学的研发活动，主要通过国家科学基金提供资助；二是联邦机构开展的科研活动，如国防部、能源部、商务部等开展的科研活动；三是私人部门的研发活动，主要的私人部门是私人基金会、私营生产部门等。根据ACI确立的资助计划，美国政府计划在10年时间内，使一些重点研发部门获得的联邦资助翻一番，这些重点部门包括国家科学基金、能源部科学办公室、商务部国家标准和技术局等。

美国ACI计划主要是实施选择、资助、评估等方面的工作。为了实施该计划，美国联邦政府成立ACI教育部、能源部、美国学术竞争力委员会、国家数学顾问小组、国家阅读能力小组，以及其他相关辅助机构，其中，国家科学基金主要负责美国的STEM（即科学、技术、工程和数学四门学科首字母缩写）项目。美国ACI计划在未来十年，在教育和科研方面投资总额不低于1360亿美元，强力打造美国的教育与科研领域。美国国会还颁布了《美国数学与科学人才拨款计划》，五年拨款45亿美元进行专项资助。

ACI特征是间接引导，直接投资。政府为实施ACI，2007年拨款59亿美元，其中教育拨款3.8亿美元。未来10年，在科研和教育上的拨款总额将超过1360亿美元。但这些拨款并不直接划入教育部门或科研机构，而是根据ACI制定具体实施方案，由有计划的最终实施者来申请专项拨款。例如，美国国会通过《学术竞争力拨款法案》和《美国数学与科学人才拨款计划》，在2006—2007学年度拨款7.9亿美元，5年拨款45亿美元，并规定，大学一年级新生如果完成中等学校的高难度课程就能申请750美元学术竞争力奖学金（ACG），二年级学生除学习这些课程外达到3.0个教育积分点，就可以申请1320美元ACG。三四年级学生如果学习数学、物理科学、生命科学、计算机科学、工艺科学或一门外语，并且教育积分点达到3.0就可以申请4000美元ACG。政府以申请助学金的方式引导学生学习数学和科学课程，一方面使拨款直接落实到学生，另一方面，资助对数学和科学感兴趣的学生，帮助他们完成学业，而且吸引更多的学生学习数学和科学课程，从而培养更多的数学和科学专业领域的人才。

计划配套，纵横交错。美国政府在实行ACI中，制定配套的具体实施计划，这些计划从横向和纵向两个维度制定，并且相互交叉形成一个严谨的计划网络保证国家计划的顺利实施。横向上，制定大学先修课程项目，扩大低收入学生学习高难度数学和自然科学课程的比例，专门培养7万名高中教师来教授和辅导这些课程，使低收入学生在这些课程的通过人数由23万提高到70万；制定教师培训计划，由辅导教师协会对在职教师进行数学和科学专业知识的培训，并鼓励数学和科学专业人士担任教师，到2015年，这类教师人数将达到3万名。纵向上包括小学数学行动计划，在数学教学中注重科学研究的实践过程，并为初高中学习高难度的数学课程作准备；中学数学行动计划，对于学习数学有困难的学生给予集中和系统的辅导；成立综合评估小组。由于制定了许多正式或非正式的数学和科学教育计划，而这些计划由各个部门领导，因此，ACI将拨款500万美元成立综合评估小组，对过去、现在、将来的计划进行评判，决定职前教师工作准备的内容、数学和科学课程的内容，并且与《不让一个孩子落伍法案》的目标相一致。

二、英国卓越计划框架

（一）教学卓越框架（TEF）

《英国教学卓越框架》（Teaching Excellence Framework，TEF）是英国政府自2016年开始试点，并分步骤实施的全国性高等教育教学评价体系。它是欧美高教强国中首个由中央政府统领、以“学生、学习中心”为理念、以追求质量提升为目标、并纳入到国家高教治理与资源配置核心机制中的教学评价实践。TEF将“教学卓越”界定为三大质量维度，包括（课堂）教学质量、学习环境、学习结果与收获。其次，TEF采纳三组评价证据对三大质量维度进行衡量和评估。其中，以六大核心质量数据以及“分离度量”数据为主要参考对象，辅之以基准化处理数据、院校补充报告及数据。评审员与评价委员会综合这三大数据来源，评估院校的教学卓越性，给出金、银、铜牌评级。

TEF于2016—2017学年开始首次评估，每一学年开展一次评估，评估时间长达四年，评估结果直接与拨款挂钩，根据评估结果次年分配经费。如2016—2017学年，通过基准质量标准的高等教育机构，高校将获得符合预期的评级和费用；2016—2017学年，TEF将根据教学质量、学习环境、学生成果与学习所得进行评估；2018—2019学年，高等教育基金委员会和技术咨询部门将开展第三年的试点评估；

2019—2020 学年，评估研究生课程，每年的评估结果均会影响高等教育的经费资助。

TEF 的实施涉及的部门较多，仅相关数据的监测和收集就涉及英国高等教育质量保障局、英国高等教育基金委员会、英国高等教育学会和英国高等教育统计局等权威机构。在 TEF 在实施过程中，工作分配主要包含 TEF 评估者、TEF 工作人员、雇主和专家组成员以及 TEF 小组等四种角色。其中，TEF 工作人员均是来自高等教育基金委员会和高等教育质量保障局的成员，他们为评估人员提供指导但不参与实际评估。TEF 小组是决策机构，经过雇主和专家组成员的评估决策，对 TEF 评级做出最终决定。

（二）科研卓越框架（REF）

随着科研评估活动的不断推进，英国科研水平评估（RAE）逐渐暴露出诸多问题，国内学者以及国际的相关研究者也开始关注 RAE 评估体制中的问题。在 RAE 评估体系中出现了太多分组导致评估机构臃肿，经费开销大，不时会滋生学术不端、弄虚造假的行为。2006 年 3 月，英国政府宣布决定在 2008 年之后启用另一套新的评估体系取代目前的 RAE 模式，即科研卓越框架（Research Excellence Frame，REF）。REF 是 RAE 的升级版，同时在其拨款模式上也有改革。

英国科研拨款主要依据科研评估的结果进行公共科研基金分配。英国的公共研究基金是由高等教育基金委员会（HEFCE）和研究委员会组成的“双重体系”提供，采用公式化拨款模式。双重科研拨款制度是指由经常性科研拨款和项目性科研拨款构成的双重机制。经常性科研拨款是基于科研评估结果分配，由英国高等教育基金委员会负责，属于政府对高校的基本科研资助，主要用于有关人员工资、学校基础设施建设、计算机和图书馆资源等的投入；项目性科研拨款是基于竞争的学科委员会项目拨款，由科技主管部门下的 7 个研究委员会和贸易工业部负责，以项目的形式按照竞争原则拨款。

基于 REF 的英国高校科研质量拨款特点：第一，基于学科的公式化拨款。英国高等教育基金委员会的科研经费分配主要是根据以学科为主的科研评估结果进行分配，首先确定各学科之间的经费分配，再确定同一学科不同高校之间的科研拨款分配。基于 REF 的拨款采用的是公式化拨款，即对影响科研拨款研究量、学科成本和质量权重等多个参数分别进行量化和权重赋值，根据公式计算的得分值确定评估结果。根据评估单元在 REF 评估中的星级等级，就能推断出本校该评估单元或学科与其他高校同学科的拨款额。拨款数额与评估结果的星级等级直接相关，两者之间是一种制约结果、制约拨款的责任关系。公式化拨款引入绩效拨款机制，在高等教育资源分配中有利于增强拨款的公平性和透明度，同时可以在政府的引导下增强高校间的公平竞争，促进高等教育的发展。第二，相对独立的半官方拨款主体。英国科研活动虽然是政府对其投入，但政府不直接拨款给高校，而是通过“第三方”（半官方拨款机构）进行资金分配。英国高等教育拨款主体从 19 世纪末的特定大学学院拨款委员会发展到 20 世纪末的高等教育基金委员会（HEFC），经历了从政府部门官方机构发展为半官方机构，成为大学和政府之间的“缓冲器”，调节着高等教育系统中政府与大学的关系。REF 科研评估的拨款机构是由英格兰高等教育基金委员会与苏格兰基金委员会（SFC）、威尔士高等教育基金委员会（HEFCW）和北爱尔兰就业与学习部（DFL）四个半官方的拨款机构组成的英国高等教育基金委员会（HEFCEs），根据 REF 评估结果对高校科研经费进行评估。英国高校的科研经费主要由高等教育拨款委员会和研究委员会（Research Councils，RCUK）组成的双重体系提供。高等教育基金委员会独立于政府部门，也不属于教育和技能部，享有法定的独立地位，同时在职能上又属于半个政府机构或“中介组织”。这样的第三方“半官方拨款主体”是一个拥有较大权利的自治法人，不仅拥有宪法赋予的拨款权利，还拥有保持大学办学自主权及质量控制的责任。这种拨款主体模式相当于在大学和政府之间设立了一个缓冲器，从而可以有效地预防政府干预大学事务过多，保证大学学术自由以及拨款程序的公正和透明。第三，优化高校学科发展战略，发展优势学科。Mary Henkel 曾说过，英国进行了几十年的高校科研评估，是英国高等教育现代化的重要组成部分，已经成为对学术机构影响最大的制度之一。

英国科研评估对高校学科发展的影响主要是促进了学科的内涵式发展，提升了学科科研质量。REF 评估及其拨款都是在英国高等教育基金委员的组织下对相应学科的科研成果进行评价，并对其评估结果进行星级划分，根据星级等级，运用公式化拨款模式决定高校相应学科的科研经费拨款数额，这样的科研经费划拨方式对高校学科发展及其学科组织都产生一定影响，促使高校积极发展优势学科。以学科为基础的评估和拨款，有利于那些整体实力较弱的学校发展自身的优势学科，以某一个或某几个学科为突破口，集中力量发展，形成自己的特色学科，争取更多的拨款促进学校发展，提升整体实力。另外，高校也可以通过 REF 评估发现自身的弱势学科，从而调整学校的学科布局，集中资源发展优势学科，同时重视学科的发展战略，扬长避短。英国采取的 REF 评估及其拨款机制使得高校非常重视学科发展和科研实力的提升，那么在这样的评估体制下有以下因素影响高校学科发展形成竞争优势：①高校学科发展战略、组织和竞争，表现为学科发展的组织或管理方式，以及本学科和其他学科所带来的压力；②需求状况，学术界对学科研究的需求往往从学科发表研究成果、吸引资助和研究人员等方面体现出来；③要素状况，主要指高校为学科发展提供的可竞争的因素，包括劳动力（人力、知识资源）、资本（资金）、基础设施（物质资源）和大学位置；④相关学科与支撑学科，高校内卓越的学科发展可以为相关学科发展提供榜样和研究合作者，推动学科发展；⑤机遇，可以提供竞争优势；⑥政府，政府可以通过研究委员会的资助影响需求状况，还可以通过高等教育基金委员会对学科进行资助。

三、日本21世纪卓越中心计划

日本自1995年开始，先后启动实施系列卓越计划（COE），即1995年的“COE基地建设计划”、2002年的“21世纪COE计划”及2007年的“全球COE计划”。三项卓越计划到目前为止已全部实施完成，其实施目标层层递进，共同服务于世界一流大学建设和一流人才的培养。

“COE基地建设计划”通过核心研究机构支援计划和核心研究基地建设计划具体实施推动，目的在于建设一流的科研队伍、高水平的科学研究、合理的研究机制、宽松的研究环境。

“21世纪COE计划”建设目标是通过对公立大学、国立大学和私立大学的优势尖端学科领域的重点资助，建立一批卓越的学科基地和学术研究中心，有效地推动学科建设与发展，创新世界尖端、突出的研究成果，培养具有高素质、创新型年轻研究者，发展个性独特、具有国际影响力和竞争力的世界一流大学。

“全球 COE 计划”，目标着眼于通过对高校博士生项目的支持，培养富有创造力的优秀年轻研究人员充实国家创新研发队伍，提高研究者的研究活力，提升日本大学的研究水平和国际影响力，进而建设世界卓越的研究中心和一流大学，确保大学的全球核心竞争力（见表 3－1）。

表 3－1　日本各时期的卓越计划

类型	时间	目标	签发单位	申请单位
“COE 基地建设计划”	20 世纪 90 年代	建设一流的科研队伍、高水平的科学研究、合理的研究机制、宽松的研究环境	文部省	大学申请的项目
“21 世纪 COE 计划”	2002—2009 年	建立一批卓越的学术研究中心和学科基地，培养具有高素质、创新型年轻研究者，发展具有国际竞争力、独特个性的世界一流大学	文部省	大学申请的项目
“全球 COE 计划”	2007—2015 年	培养富有高度创造性的年轻研究人员，提高大学国际竞争力	文部省	大学申请的项目

“COE 计划”是日本政府针对大学实施的一项卓越工程，着重对前沿科学、基础科学领域、交叉学科、新兴学科以及重大民生课题等领域进行资助，体现资助对象多样、注重评价结果、建立退出机制等特点。

（一）资助对象多样

“COE 计划”的多样性体现在三个方面：第一，属性的多样性，

“COE 计划”主要面向具有博士授予权的国、公、私立大学，从采纳的状况来看，日本国立大学获得 316 个 COE 项目，公立大学获得 13 个 COE 项目，私立大学为 85 个；第二，层次的多样性，东京大学、京都大学、大阪大学、东北大学、名古屋大学、北海道大学、九州大学等日本 7 所旧制帝国大学合计获得 186 个 COE 项目，东北工业大学、神户大学、千叶大学、一桥大学、广岛大学、筑波大学等 6 所旧单科大学获得 COE 项目 53 个，庆应义塾大学、早稻田大学、立命馆大学等 3 所老牌私立大学获得 43 个 COE 项目，新制大学的杰出代表，大阪市立大学获得 4 个 COE 项目；第三，地域的多样性，日本全国共有 1 都、1 道、2 府及 43 县，为便于管理，日本政府将其划分为北海道东北地区、关东甲信越地区、东海北陆地区、近畿地区、中国四国地区以及九州冲绳地区 6 个地区。在“COE 计划”推进过程中，COE 项目覆盖了所有的 6 个地区。以“21 世纪 COE 计划”为例，该计划共资助 COE 项目 271 个，具体由日本的 93 所大学负责建设，其中，北海道东北地区共有 6 所大学获得资助，关东甲信越地区 40 所，东海北陆地区 15 所，近畿地区 16 所，中国四国地区 6 所，九州冲绳地区 10 所。公立、私立大学的加入，增强了国立大学的危机感，最终将促进日本大学的良性发展；竞争主体的多元化激发了大学间的竞争，使大学更加关注自身的比较优势，可切实提高大学的办学质量。

（二）注重评价结果

“COE 计划”作为提升日本高等教育的一项卓越工程，质量是生命线，评价伴随其始终，且评价结果与资金配置相结合，与是否获得持续资助有关，以“21 世纪 COE 计划”为例，2004 年 11 月，“21 世纪COE计划委员会”公布了2002年度“21世纪COE计划”中间评价结果，其中，评价结果为一级的COE项目41个，较2004年而言，2005年其获得补助金额707700万日元，新增109600万日元，增率为18.3%；评价结果为二级的COE项目60个，2005年新增补助金19400万日元，增率为2.8%；而评价结果为三级的COE项目10项，2005年较2004年少获得补助金7600万日元，增率为-9.4%；评价结果为四级的COE项目2项，较2004年少获得补助金9500万日元，增率为-68.2%。

与此同时，2003—2004年度的“21世纪COE计划”中间评价结果直接反映在后两年的补助金分配上，评价结果为优良的，其今后两年的补助金额有明显增加，而评价结果为一般的，其相应减少补助金额。在“21世纪COE计划”事后评价中，评价结果为优秀的COE项目106个，为良好的COE项目141个，为中等的COE项目24，而之后启动的“全球COE计划”共资助COE项目140个，其中，96个COE项目获得过上一轮“COE计划”的资助，占总资助项目的68.6%，在这96个COE项目中，有59个COE项目在“21世纪COE计划”事后评价结果为优秀，34个COE项目事后评价结果为良好，3个COE项目评价结果为中等，优良项目在96个COE项目中的比例为96.9%。

（三）建立退出机制

建立退出机制是日本“COE计划”健康持续发展的重要保障，由于“COE计划”是日本落实“科学技术立国战略”，建设世界一流大学的重要举措，为此，日本文部科学省不惜重金，先后启动了三个阶段的“COE 计划”建设，为保证计划的建设质量，以不间断的考核评价为依据，如在一个 5 年建设周期内，先后实施两次评价——中间评价与事后评价，通过对 COE 项目的研究实力、研究绩效及目标达成度等进行考核、考评，对未实现目标的项目采取必要的清理措施，以达到优化“COE 计划”的结构、实现其效益的目的。2003 年度“21 世纪 COE 计划”起初共资助 COE 项目 133 个，至 2007 年时，该年度“21 世纪 COE 计划”资助 COE 项目为 130 个；2005 年，东京都立大学社会科学领域“微观金融市场的构造与制度设计”研究基地被辞退，2006 年，名古屋大学数学、物理学、地球科学领域“数学等式产生新概念”研究基地被终止发放补助金，2007 年，立命馆大学机械、土木、建筑及其他工学领域“作为文化遗产核心——历史名城的防灾”研究基地被文部科学省终止资助。

第四章

一流学科建设的财政支撑体系分析

资助是推进一流学科建设的关键政策工具，在追求绩效的政策框架下，学科发展必然会重视结果导向的评价与资助。作为高校可持续发展的基础和重要支柱，财政资助有着自身独特的理论、历史和实践逻辑，该逻辑立体交叉，相互交织，形成了高校财政支撑体系。本章以代表我国高等教育顶尖水平的一流学科为例，提炼与分析一流学科的阶段性建设特征及成效。

第一节　一流学科建设发展轨迹

作为一种国家制定的制度，一流学科建设制度也有一个制度化的过程，在这个过程中一流学科建设的秩序得以形成和保持。同时，这个制度化的过程是国家按照学科建设的内在规律和要求，对学科建设做系统的制度性的安排。我国自 20 世纪 80 年代的全国重点学科发展到目前的一流学科，不断把学科的建设质量向前推进，为更好地把握一流学科建设的变化情况，对其演变轨迹分类进行纵向梳理和分析。

一、国家重点学科发展历程

我国一流学科按建设思路与发展状况进行划分，大体经历了铺垫、启动、摸索、发展四个阶段。

（一）铺垫阶段

尽管1985年以前我国尚未有“国家重点学科建设”这一提法，但是在新中国成立初期重点大学制度下形成的“重点”建设、“择优”建设思想和20世纪50年代的院系调整构建的高等教育基本框架及学科结构为国家重点学科建设制度的形成与发展做了前期铺垫。

1. 重点大学制度传承了“重点”“择优”的建设思想

我国的重点大学建设思想可以追溯到晚清。1898年清政府创建京师大学堂时，就要求其为“各省之表率万国所瞻仰”，[①] 其建设是为了“立国民之标准，示万众之范围”。可以说，晚清就已经存在重点发展的思想。民国时期，高等教育界大力呼吁重点发展大学，如胡适就阐述过他的“一流大学”梦：“此等国家大学，代表全国最高教育，为一国观瞻所在”。[②]

1949年新中国成立后，重点大学制度就一直是我国高校设置中的一个鲜明特色。该制度的起源应归于这种重点思想：它是中国共产党在1937—1949年抗日战争和解放战争时期经济发展策略的基础，这一基础策略就是在贫困的农村根据地为经济建设集中使用人力、物力。这说明“重点建设”的思想在中国共产党的施政思想中一直存在，这种思想体现在执政党制定的方针、政策中，在高等教育发展的路线制

---

① 朱有瓛．中国近代学制史料：第一辑下册［M］．上海：华东师范大学出版社，1986：654－656.

② 白吉庵，刘燕云．胡适教育论著选［M］．北京：人民教育出版社，1994：33－35.

定中也一直贯穿着这种“重点建设”的思想。1950 年 6 月，周恩来总理在全国高等教育会议上提出，“教育改革不能漫无计划，兴之所至地乱搞一气，要区别轻重缓急，分阶段有步骤地进行”；1953 年又提出，“办事情总要有个次序，先搞重点，其他就可以逐步带动起来。比如综合大学办几个像样的，其他的也就会跟着学，我们的摊子不要铺得很大，一定要有重点，要稳步前进”。基于这种思想，原高等教育部于 1954 年颁布了《关于重点高等学校和专家工作范围的决议》，将哈尔滨工业大学等 6 所高等学校定为全国性重点大学。这标志着我国重点大学制度的正式形成。

这种重点建设的思想，在文化大革命结束后，在高校设置制度重新建立的同时得到了延续。当时主管文教工作的邓小平同志，在 1977 年 8 月 8 日《关于科学和教育工作上的几点意见》中提出“集中力量办好一批重点院校”，要求除了要在教育部直属的高等学校中择优重点建设外，还要在其他国务院部委下辖的高等学校和地方高校中择优重点建设。1977 年 9 月，他又在《教育战线的拨乱反正问题》中强调了重点大学建设问题，要求教育部直接管好几个重点大学作为全国的示范。在邓小平同志这种思想的指导下，1978 年《关于恢复和办好全国重点高等学校的报告》中确定了 88 所全国性重点高校，次年年底再次确定为 97 所。1983 年，南京大学匡亚明、浙江大学刘丹、天津大学李曙森、大连理工大学屈伯川四位老教育家联名向党中央领导同志提出建议，并由李曙森教授执笔撰写了“853 建言”：建议国家拿出 50 个亿，重点资助 50 所高校，使这些学校到 90 年代，在仪器设备上达到国际先进水平。这一建议受到邓小平同志及其他中央领导的高度重视。在此建议之下，1984 年 4 月 2 日，国务院批复教育部、国家计委，决定在“七五”期间，拨出专项经费，对北大、清华、复旦、西安交大等 10 所高校给予重点扶持，将其列入国家重点建设项目。至此，在“重点建设、择优建设”的思想指导下，在邓小平同志的亲自过问下，形成了我国重点大学建设的新思路，形成了我国重点大学建设全新的格局，而国家重点学科的建设正是这个格局中的一个重要环节。①

2. 院校调整构建了新的高等教育基本框架及学科结构

发生在 1950—1957 年的院系调整，可以说是新中国成立后我国高等教育界的第一件重大事件，如卡扎米亚斯所说是我国在民族危机和重大事变时期之后，做的“重大教育改组的尝试”。院系调整并不是当时的政府想当然强制实施的，而是根据当时我国所处的国内外政治、经济环境，高等教育的现实状况做出的必然选择。

经历了 8 年抗日战争、4 年解放战争后，中华人民共和国成立初期国民经济基本处于破产状态，国内外政治形势亦相当严峻，如何稳定政治局面大力发展国民经济成了当时政府的首要任务。而当时的高等教育类型结构不合理、办学规模小、地区分布不均衡的状况难以满足实现这一任务的需求。此外，高等教育本身也处于急须更新发展的状况。因此，在 1950 年召开的第一次全国高等教育会议提出要“初步地调整全国公私立高等学校或其某些院系”。1952 年 5 月，中央人民政府教育部发布了高等学校院系调整的计划，出于国家急须培养工科人才和师范类人才的要求，通过发展专门学院，整顿综合大学来实现院系调整。院系调整从 1950 年开始，到 1957 年结束，一共经历了 7 年，其中 1952 年为全面铺开期，1954 年完成第一期工作，1956—1957 年则是在小范围中开展第二阶段的工作，该调整对我国的高等教育影

---

① 马陆亭．新中国成立 70 年：高等教育重点建设的历史使命与巨大成就［J］．中国高等教育，2019（17）．

响巨大，但调整措施中也有一些一直为人诟病。例如仅从当时的社会建设需求出发，只看到工科、理科类学科对社会经济建设的重大作用，而忽视人文社会科学类学科对社会发展的贡献，把诸如社会学等专业从高等教育中去掉，造成了大批人文社会科学类学科建设的落后甚至是停滞，错误地、人为地造成了以后很长一段时间内学科布局的不合理。但是放在时代背景下整体审视，院校调整对于高等教育以及学科建设的正面影响也是后世不可否认的。

首先，院系调整构建了新中国高等教育的基本框架，奠定了一定时期内新中国高等教育的学科结构布局。至 1957 年底，经过院系调整后形成了“令出一门、专业齐全、宗旨整齐划一的社会主义高等教育新体制”。其次，院系调整还通过对专业设置的调整构架学科结构布局，据教育部的统计，截至 1957 年底，全国共有 219 所高校、363 个专业，共涉及 10 个学科门类。可以说院系调整构建的新高等教育的基本框架和形成的学科结构布局，直接影响了第一次国家重点学科评选的结果。

（二）启动阶段

1985 年 5 月 27 日颁布的《中共中央关于教育体制改革的决定》（以下简称 1985 年《决定》）中提出“根据同行评议、择优扶植的原则，有计划地建设一批重点学科。”根据这一要求，原国家教育委员会于 1987 年 8 月 12 日发布了《国家教育委员会关于做好评选高等学校重点学科申报工作的通知）（以下简称 1987 年《通知》），决定开展高等学校重点学科评选工作，重点学科建设从此正式走上中国高等教育的历史舞台。在该通知中同时还要求中央部委和地方教育主管部门根据实际需要和条件，适量确定和扶植一些部门或地方一级的重点学科，所以省、部级重点学科建设也从此发端，并与后来各高等学校自行遴选和建设的校级重点学科一起，形成了具有中国特色的完整的重点学科建设体系。1987 年，继文、理、工等少数学科试点之后，原国家教育委员会决定在哲学、法学、教育学、文学、历史学、理学、工学等 7 大学科门类中开展高等学校重点学科评选工作。1988 年和 1989 年分批下达了高等学校重点学科名单，当时全国累计共有 416 个高等学校重点学科，其中文科 78 个，理科 86 个，工科 163 个，农科 36 个，医科 53 个，涉及 108 所高等学校。

（三）摸索阶段

起初主要是摸清国家重点学科所处的水平以及当时国家需要发展的薄弱与空白学科，摸索阶段是对启动阶段工作的一次系统梳理与总结。到 1992 年，原国家教育委员会对这些重点学科进行了评估，并根据 1990 年 10 月颁布的《授予博士、硕士学位和培养研究生的学科、专业目录》，对部分高等学校重点学科名称进行了调整。根据中共中央、国务院发布的《中国教育改革和发展纲要》和《国务院批转国家教委关于加快改革和积极发展普通高等教育意见的通知》，原国家教委自 1993 年起启动了“211 工程”，颁布了《关于重点建设一批高等学校和重点学科点的若干意见》，将国家重点学科纳入“211 工程”建设重要内容。2001 年，根据《教育部关于开展高等学校重点学科评选工作的通知》（以下简称 2001 年《通知》）精神，又开展了新一轮的高等学校重点学科评选工作，并要求在此之前公布的高等学校重点学科全部重新参评，原高等学校重点学科名称自动取消，这次共评出 964 个重点学科。2006 年 12 月，教育部决定开展国家重点学科考核评估工作。

随着“211 工程”建设的进一步开展，国家重点学科的建设得到了“211 工程”建设的大量投入，并被纳入到国家重点建设项目之中，为国家重点学科的持续、健康发展提供了一个良好的载体与平台。这一阶段总结了国家重点学科建设与管理的经验，探索并实现了国家重点学科建设过程中与“211 工程”的衔接，为今后的发展打下了较好基础。

（四）发展阶段

教育部于 2001 年启动了第二次国家重点学科评选工作。这次评选本着“调整结构，优化布局；总量控制，择优确定；政策公开，公平竞争”的指导思想，通过这次评选，使国家重点学科总量增加到 964 个，国家重点学科结构和布局得到调整和优化，基本适应了国民经济建设与社会发展的需要。2006 年教育部启动了第三次国家重点学科评选工作。这次评选包括了承前启后式的评选内容。一是对原有的 964 个国家重点学科的考核、评估，其中有 920 个学科通过了此次考核，另有 44 个学科进入第二阶段的增补与淘汰。二是对二级学科国家重点学科的增补与淘汰，在 1263 个申请学科中，评选出 403 个二级学科国家重点学科。三是依据“十一五”国家重点学科建设规划，评选出 217 个国家重点（培育）学科。此次评选工作共评选出国家重点学科点 963 个，涉及 196 所高等学校，覆盖了 11 个学科门类，包括 286 个一级学科和 677 个二级学科，以及 217 个国家重点（培育）学科。可以说这次评选对 2001 年的评选工作做了一个总结，为下一次的评选奠定了基础。与此同时，教育部在 2006 年 10 月发布了《关于加强国家重点学科建设的意见》和《国家重点学科建设与管理暂行办法》，提出加强国家重点学科制度化建设的要求。这些制度的建立明确了高等学校重点学科评选的基本内容和标准，成为今后一段时间内我国国家重点学科建设与管理的指导性文件。这些制度的制定与发布又为我国保证和加强国家重点学科建设提供了制度上的保障。

总的来说，2006 年第三次国家重点学科建设评选不仅使国家重点学科总体数量得到了发展，学科布局和学科结构得到了进一步优化，而且首次提出了国家重点学科的管理流程和管理方式，构建了今后一段时间内国家重点学科的建设框架，而这期间颁布的一系列制度又为今后的建设提供了保障。

总的来看，我国国家重点学科建设，萌芽于 20 世纪 50 年代的院系调整，于 1985 年正式提出，进行了三次国家重点学科评选。在这一过程中，还经历了 20 世纪初和 20 世纪 80 年代两次高等教育体制改革推进下的高等学校结构布局的调整，下面着重从国家重点学科的布局现状、社会功能和社会地位、指导思想和建设思路、评选条件和评选标准、评审模式和评审规则、管理体制和建设措施等六个方面对国家重点学科建设的政策进行纵向比较和梳理。

二、重点学科的布局现状

赋予国家布局重点学科这一新的使命有其学科结构与布局的现实基础。国家重点学科从第一次的 107 家高校发展到第二批的 182 家，除 4 个教育发展水平较差的省、自治区（贵州、西藏、青海和宁夏）没有国家重点学科外，其他省份都有国家重点学科的布点；从第二次国家重点学科结构来看，国家重点学科覆盖了所有学科门类，覆盖了 88 个一级学科中的 84 个一级学科，覆盖了 381 个二级学科中的 332 个二级学科，覆盖面极广；拥有国家重点学科的高校有博士、硕士学位授权一级学科点 1129 个，占全国现有博士、硕士学位授权一级学科点总量的 83%；拥有国家重点学科的高校有博士学位授权点 1147 个，占全国博士学位授权点总量的 63%，有硕士学位授权一级学科点 1166 个，占全国硕士学位授权一级学科点总量的 54%，有硕士学位授权点 3502 个，占全国硕士学位授权点总量的 35%。国家重点学科在区域布局、高校布局、学科布局以及有国家重点学科高校学位授权点的总量上，形成了良好的学科结构与布局，为充分发挥国家重点学科的示范与引领作用，打下了良好基础。

三、国家重点学科建设特征

（一）关于社会功能和社会地位

1985 年《决定》已经明确提出了国家重点学科的三项主要社会功能：增强科学研究的能力、培养高质量的专门人才、改进和完善研究生培养制度。1987 年《通知》继续沿用了这一表述，未作深入阐发。2001 年《通知》对这三项功能进行了丰富和发展，并在进一步明确社会功能的基础上，向社会地位延伸，表现在三个方面：形成一批培养高层次专门人才、解决经济建设和社会发展问题的基地；根据发展需要对高校学科建设方向进行引导和示范；在全国范围内形成布局合理、各具特色和优势的重点学科体系，巩固和扩大高校在人才培养和科学研究方面的综合优势。2006 年《通知》除涵盖 2001 年《通知》中的有关对社会功能和社会地位的界定外，又赋予了新的内容，主要体现在以下三方面：重点强调国家重点学科建设对建设创新型国家、大幅度提高国家竞争力的意义；进一步突出了国家重点学科在高等学校学科建设中的引领作用和为建设创新型国家提供的高层次人才、智力支撑；进一步明确应在较短时间内使部分国家重点学科达到国际同类学科先进水平。这些内容与以往的“居于国内同类学科前列，并有一定国际影响”的表述明显不同。

在历年的文件中，国家重点学科建设的功能和地位虽然没有跳出1985年《决定》的框架，但是根据时代发展需要，后来的文件都比较及时地补充了新的内容，2006年《意见》体现得尤为明显，非常集中地反映了国家对高等学校提高自主创新能力和建成具备国际先进水平学科的迫切要求。出现上述转变的外部政策环境是：根据科技创新能力较弱的问题，在2006年前后，全面建设小康社会步入关键阶段之际，国家提出要把科技进步和创新作为经济社会发展的首要推动力量，把提高自主创新能力作为调整经济结构、转变增长方式、提高国家竞争力的中心环节，把建设创新型国家作为面向未来的重大战略。社会功能和社会地位的演变，正是国家重点学科建设落实“自主创新”这一重大战略决策的具体体现。

（二）关于指导思想和建设思路

对于指导思想和建设思路的描述，1987年《通知》中描述的比较笼统，2001年《通知》和2006年《意见》就比较具体。但是，1985年《决定》提出的“同行评议、择优扶持”这一核心指导思想和建设原则一直贯穿于国家重点学科建设始终。1987年《通知》要求重点学科的门类“要比较齐全，科类结构比例和布局应力求合理，要有利于促进学科间的横向联合，逐步形成高校科研优势”。2001 年《通知》确定了“调整结构、合理布局、择势确定、公平竞争”；西部地区重点学科发展迅猛，增幅明显，这正是国家“西部大开发”战略在国家重点学科建设中的体现。2006 年《意见》中提出的加强国家重点学科建设的指导思想是：“服务国家目标，提高建设效益，完善制度机制，建设一流学科”，与以往不同的是，该文件明确提出了增设一级学科国家重点学科的问题，并要求二级学科在重点方向上取得突破；构建国家、地方（部门）和所在单位三级建设和管理体系；改革评选方式，加强考核，瞄准世界科学技术发展前沿，集中力量建设。这三方面的转变既体现了学科发展的趋势和潮流，也强调了地方（部门）和建设单位的责任，而且更加重视建设效益，是国家重点学科建设更加务实的重要体现。

（三）关于评选条件和评选标准

1987 年《通知》奠定了重点学科从“符合条件的博士点中选定”的基调，这使得国家重点学科与招收和培养博士、硕士研究生的学科专业目录保持了一致性，一直沿用至今；学科间的联合和新兴边缘学科的发展问题，也是三批文件（三次国家重点学科评选出台的三次文件）一直关注的重点问题。历年评选条件均对研究方向、学术带头人和梯队、教学科研基础、国内外学术交流环境与合作基础等方面作出明确规定，虽在文字表述方面略有出入，但核心思想基本一致。需要注意的是，在这种一致的前提下，又具有各自的显著特点。1987 年《通知》是唯一一次没有提学科方向对国防建设意义的文件，也是唯一一次明确对学科带头人和学科梯队提出政治素质要求的文件；其要求申报单位有“依靠自己的力量能在1990年前建成国内一流水平、在国际上有一定影响”的初步承诺，否则不宜申报，但类似字眼在以后的文件中再未出现；明确提出这次重点学科评选不含体育学、艺术学、林业工程三个学科领域。2001年《通知》对培养人才的要求仅限定于博士生，不同于1987年《通知》和2006年文件对学士、硕士和博士培养的要求。而且在评选工作中，增加了一些限定性条件，例如申请学科应属教育部批复预审的原101所“211工程”学校中的重点学科建设项目的组成部分或曾获得省部级二等奖（含二等奖）以上教学、科研奖励。这实际上是在评选条件基础上的初步量化，体现了与学科原有建设成就的对接，使得评选条件具有更强的操作性。2006年《通知》对国家重点学科的评选条件是最高的，一改以前两个文件对成果数量的要求，代之以“已取得较高水平的成果，对经济建设和社会文化发展作出了重要贡献”，而且回避了对研究项目具有“理论和现实意义”的界定，要求“承担着国家重要的研究项目”，评选条件更加清晰明确。对科学研究水平的判断标准由数量转向质量，应该是国家重点学科建设评审体制基本成熟的重要标志。

（四）关于管理体制和建设措施

实际上，从1987年开始，重点学科就采取了国家—主管部门（单位）或省（自治区、直辖市）—所在单位的三级管理模式，但直到2006年才首次明确提出建立完善的建设和管理制度，实施规范管理，并界定了三个管理层次的不同职责，逐步增加地方教育行政部门在国家重点学科建设和管理上的统筹力度。

在建设措施方面的演变主要体现在以下方面：

第一，投入机制。原国家教育委员会要求重点学科建设主要依靠各“有关高等学校及其主管部门自己的力量”，采取国家扶持、学校主管部门投资以及学校自筹等多种渠道共同建设。2006 年《通知》提出了“多元投入”的问题，其建设经费由国家、主管部门（单位）或省（自治区、直辖市）、所在单位共同筹集，并鼓励社会资金投入建设。

第二，淘汰机制。2006 年《通知》在继承 2001 年提出的“不搞终身制”原则的基础上正式提出要建立国家重点学科建设的检查、监督和激励机制，每五年考核一次，建设成效差、经整改后仍不符合要求的要予以淘汰。

第三，政策保障。原国家教育委员会的建设政策倾向于主要依靠高等学校及其主管部门，国家教育委员会则会同学校主管部门行使检查和评估职能。1993 年颁布的《关于重点建设一批高等学校和重点学科点的若干意见》指出，经重新认定后，经批准的高校重点学科列入“211 工程”，作为国家重点建设项目。这是重点学科与国家其他重点建设项目相互配合的起点，2006 年《通知》明确要求国家有关部门在安排“211 工程”“985 工程”、科研计划和人才计划等相关建设项目时，应对国家重点学科给予支持和倾斜。而《国家中长期科学和技术发展规划纲要（2006—2020 年）》和《中共中央关于进一步繁荣发展哲学社会科学的意见》的颁布实施，也为国家重点学科建设提供了新的历史机遇。毋庸置疑，这些政策保障将更加有利于国家重点学科的发展和建设效益的提高。

通过以上梳理，可以清楚地看到，国家重点学科建设的政策虽然历经几次改革，但基本上保持了连续性和一贯性，并体现了适应、发展和提升的特点，使国家重点学科建设体制逐步趋于完善。但是，与 1985 年《决定》提出的“既是教育中心，又是科学研究中心”的要求还有较大差距，如何进一步完善有利于原始创新的运行机制和评价机制、有利于资源集成的高等学校和科研院所之间的协作机制等问题，已经成为制约国家重点学科整体竞争力提升的瓶颈，必须引起国家有关部门的高度重视。

（五）关于财政经费的投入

实现国家重点学科建设与“两大工程”的有效捆绑并实行专项投入。国家重点学科建设的目标与“211 工程”建设重点学科建设的目标是相同的，都是为了建设高水平、能达到国际同类先进水平的学科。但在建设经费的投入上，“211 工程”有专项建设经费，而国家重点学科建设则很少，根本不能满足国家重点学科建设的需要。因此，国家重点学科建设除各高等学校通过自身努力取得国家、省部级重点实验室建设的支持外，进入“211 工程”和“985 工程”建设的高校，要将国家重点学科纳入“两大工程”建设体系之中，实行有效捆绑，保证国家重点学科的投入。

四、重点学科的引领示范作用

第一，国家重点学科通过加强自身建设，将进一步推动我国学科结构和布局的优化与调整，形成以国家重点学科为骨干的学科体系，引领全国高等学校进行学科建设，提升人才培养质量、科技创新水平和社会服务能力，带动我国高等教育整体水平全面提高。我国高等教育多年来的发展，在学科布局上趋同，学科整体学术水平与发达国家存在较大差距。许多高校没有把握自身学科基础与条件，其建设思路与学科布局都朝着大而全的方向发展。在当前我国高等教育教育资源缺乏、经费不足的现实条件下，国家集中财力，加强部分高校的优势学科建设，以充分发挥优势学科的比较优势，是我国高等教育事业发展适应国家需求、不断提高我国科技水平和人才培养质量、不断提高国家创新能力和竞争能力的现实选择。加强国家重点学科建设，有利于形成我国高等教育学科布局中的国家重点学科、省部级重点学科以及各高校重点学科的层次结构，形成突出重点、分层次建设的办学思路，有利于我国学科结构的优化与调整。现有国家重点学科良好的布局与结构，可以充分发挥国家重点学科的示范与引领作用，带动各学科及已有国家重点学科高校其他学科的发展。

第二，充分发挥国家重点学科示范、引领作用是促进高校学科建设的重要手段。国家重点学科代表我国高等教育各学科的最高水平，无论发展历程，还是建设的实践与管理，都有丰富的经验。国家重点学科通过自身实践，在科学研究、人才培养与服务社会方面已形成了自身系统，具备有效的建设思路与管理体系，这是我国高等教育事业发展十分宝贵的财富，是有关高校其他学科学习与借鉴的榜样。各高校要总结国家重点学科的经验，加强宣传与学科间交流，使其他学科在认识上得到提高，明确自身学科的建设思路，形成有效的建设措施，促进其他学科的建设与发展。随着科学技术的快速发展，各学科无论在理论创新还是技术创新上，出现了学科间的相互交融与相关支撑的发展新态势。各国家重点学科的建设与发展，需要与相关学科进行交叉，通过交叉拓展了自身的研究领域，促进了自身的发展，同时也引领了相关学科的建设。各国家重点学科高校可以加强引导与协调，结合实际，通过建立不同的学科群组织形式，加强学科群建设，引领国家重点学科相关学科的建设，提升高校自身整体学科实力，促进学科整体发展。

五、一流学科发展历史

2015年8月18日，中央全面深化改革领导小组会议审议通过《统筹推进世界一流大学和一流学科建设总体方案》，对新时期高等教育重点建设做出新部署，将“211工程”“985工程”及“优势学科创新平台”等重点建设项目，统一纳入世界一流大学和一流学科建设；同年11月，由国务院印发该方案，决定统筹推进建设世界一流大学和一流学科。

2017年1月24日，经国务院同意，教育部、财政部、国家发展和改革委员会联合印发《统筹推进世界一流大学和一流学科建设实施办法（暂行）》；同年9月21日，教育部、财政部、国家发展和改革委员会联合发布《关于公布世界一流大学和一流学科建设高校及建设学科名单的通知》，世界一流大学和一流学科建设高校及建设学科名单正式确认公布；同年10月18日，习近平总书记在十九大报告中指出，要加快一流大学和一流学科建设；同年12月底，各高校“双一流”方案陆续公布，设立围绕“双一流”建设的总体目标。

2018年9月28日、29日，教育部在上海召开“双一流”建设现场推进会。教育部党组书记、部长陈宝生出席会议并讲话。北京大学、中国人民大学、清华大学、哈尔滨工程大学、南京大学、浙江大学、云南大学、兰州大学、上海市、陕西省做了交流发言。财政部、国家发展和改革委员会相关负责同志重点对中央两部委加快“双一流”建设的工作考虑做了说明。2019年，教育部官网发布声明：已将“211工程”和“985工程”等重点建设项目统筹为“双一流”建设。

从“国内顶尖水平的国家重点学科”到“推动学科进入世界一流行列或前列”，可以明显地看出这是推进学科质量提升的现实要求。第一，从时间节点来看，国务院2014年取消了教育部的国家重点学科审批，而2015年“双一流”建设的起航，为一流学科的建设勾画了蓝图，两者无缝链接显示出学科建设的持续且向前的推进。第二，从内涵上来看，国家重点学科致力于与国家战略、重大需求相关联的学科发展，代表该学科领域在国内处于领先地位。历经30多年发展，已在大众心中形成了品牌效应。与国家重点学科相比，一流大学的学科建设质量更高远，代表高校在该学科领域的科研水平和综合实力在世界上处于领先水平的状态。第三，从数量上来看，一流学科和国家重点一级学科名单存在高度重合，其中有7所一流大学的学科来自于该校全部国家重点一级学科，有21所一流大学的学科来自于该校半数以上国家重点一级学科。可见，近七成一流大学的学科在原国家重点学科的基础上实现层级递进及质量跃升，这也是一流学科能够冲出“国际线”和冲顶世界一流水平的根本原因。

第二节　一流学科建设成效分析

从1985年5月《关于教育体制改革的决定》提出“有计划地建设一批重点学科”以来，我国政府先后于1987年、2001年、2006年三次进行国家重点学科评选，这一缘于新中国成立初期重点大学制度下形成的“重点”“择优”思想，是我国建设一流大学的重要原因。2015年出台《统筹推进世界一流大学和一流学科建设总体方案》，从此真正走上了建设世界一流大学之路。30 余年来，这一制度产生了怎样的效果，带来什么样的影响，有没有达到预期的目标？本节从高校、学科两个视角分析自重点学科建设以来的部分阶段性成果，尝试描绘一流大学及学科的建设成就。

一、一流学科的建设成效

（一）拥有一流学科的高校获得了更多的资金投入

“择优扶持”是一流学科建设制度一直以来的指导思想和建设思路。作为国家重点扶持的项目，一流学科自然获得国家及社会的各种支持，特别是资金的支持，因此，拥有一流学科的高校获得了比其他高校更多的资源与机会，形成了大学和学科发展的“马太效应”，这也是大学及其学科发展在资源配置上寻求最优化的途径。

教育经费是一流大学可持续发展的基本保障，从国家重点学科说起，三次国家重点学科评选中资助扶持政策虽然有些许不同，但不可否认，国家重点学科在国家层面获得了大量的资金支持。例如，尽管国家在第一次重点学科评选中规定国家重点学科的建设资金主要由所属高校和主管部门筹集，但事后，国家还是通过各种途径筹集资金以支持重点学科建设。

第一次国家重点学科评选结束后，国务院会同国家教育委员会（教育部前身）在 1990 年先后两次下文明确给予国家重点学科建设资金投入，对其下属高校的国家重点学科建设进行资金补助。同年，国家计划委员会（后改组为国家发展和改革委员会）从世界银行贷款中拿出 8.8 亿元人民币投资部分高等学校的国家重点学科建设。1991 年国家教育委员会再次提出，在给博士点的教育科研基金、“七五”科研经费和世界银行贷款第二个大学项目的余款中分别筹集1100万元和1300万美元，投入国务院有关部委所属的高等学校用于国家重点学科建设。此次评选出的416个重点学科涉及107个高校，其中92个高校由国务院部委主管，也就是说至少有86%的国家重点学科所在高校直接得到了国家的资金投入。

第二次国家重点学科评选正逢“十五”期间，此间，仅中央专项资金就有60亿元投入“211工程”高校建设，99所“211工程”高校平均每所得到投资逾6000万元，而国家重点学科大都集中于“211工程”高校。此次评选出的964个重点学科（公布907个，另有57个军事院校的重点学科未公布）中有813个属于“211工程”高校，也就是说至少有84.33%的国家重点学科直接得到了国家的资金投入。

第三次国家重点学科评选中，明确规定国家重点学科建设由国家、部（省）、高校共同承担，并且鼓励社会投资。也就是说，除了国家的直接投资，国家重点学科还可以从主管部门、社会争取到资金投入。各省级政府日益认识到国家重点学科对于社会经济建设的重要性，对国家重点学科建设也越来越重视，投资亦逐步增大。

虽说建设一流学科刚刚起步，但是国家对一流学科的重视程度从未改变，使得拥有一流学科的高校的教育经费收支持续增加，特别是一流大学的教育经费。在《高等学校信息公开事项清单》发布之后，一流大学便逐渐向社会公开了财务预决算等经费数据，使一流大学的教育经费公开透明化。笔者对42所一流大学的财务预决算信息进行整理后，发现仅26所高校完整发布了2016—2019年的财务预决算情况以及2020年的预算情况，[①] 占一流大学总数的61.9%。2016—2019

① 数据来源：各高校预决算公开文件。

年，一流大学收支总预算从1786.82亿元增长到2511.65亿元，增长了40.56%，其中中国农业大学、吉林大学和中南大学增长速度挺进前三；2016—2019年，一流大学收支总决算从2054.36亿元增长到2719.57亿元，增长了32.38%，其中东南大学、西安交通大学和湖南大学增长速度排进前三。总体来看，一流大学教育经费的持续走高，反映出国家对高水平大学发展和创新性人才培养的重视。在一流大学"有米可炊"的同时还要"杜绝浪费"，因此有必要对预算和决算收支差异的精度进行检测。通过测算26所一流大学2018年和2019年的预决算数据可知，其中有10所一流大学预算收入精度提高，提高最多的是重庆大学、中国科学技术大学、华中科技大学；而10所一流大学的支出精度也有所提高，提高最多的是天津大学、中国农业大学、西安交通大学。一流大学收支精度的提高，有利于一流大学教育经费的合理、有效使用，但需要注意的是防止经费预决算两极分化现象的出现。

（二）拥有一流学科的高校更易吸引和汇聚杰出人才

建设世界一流大学的关键在于建设一流的师资队伍，国家重点学科本来就拥有较好的人才及研究基础，而后获得一流学科的高校在获得国家大笔资金的投入后，其硬件、软件建设都得到了快速发展，良好的外部环境和优越的科研氛围，吸引着大批国内外杰出人才加入其学科队伍。在新的发展形势和时代背景下，一流大学的师资队伍建设取得了一定的成效。

第一，汇聚了一批一流的学术大师，引领一流学科的发展方向。据人民网的统计数据，自新中国成立到2007年，共评选出中科院和工程院院士1838名，其中中科院院士1106名、工程院院士732名。按照“两院”院士所在单位进行分类，其中来自国内高校的院士有686人，其中644人来自于该校国家重点学科，比例为93.88%，占院士总人数的35%。2016—2020年，中国科学院院士共增选过两次，新当选的院士供职于一流大学所占的比重持续提高，从2017年的34.4%上升到2019年的40.6%。“两院”院士成为我国一流学科建设的核心力量，成为引领我国一流学科建设与发展的“领头羊”。

第二，吸引了一批中青年学术骨干，成为一流学科建设和发展的中坚力量。在聚集大师级人才的同时，拥有一流学科的高校高度重视引进和培养具有良好基础和潜质的优秀青年学者，并积极为拔尖人才的成长创造条件，一大批优秀青年学者迅速成长为学术带头人，其中的优秀代表当属长江学者获得者。据统计，自1998年始，共8次聘任了1107名长江学者，其中来自于国家重点学科的长江学者近1000名，占长江学者总人数的85%以上。2016—2019年，长江学者数量较多的10所高校依次为清华大学、北京大学、浙江大学、复旦大学、上海交通大学、中国人民大学、华中科技大学、武汉大学、中山大学、西安交通大学。从上榜高校来看，这些学校都是一流大学。其中仅一流大学的特聘教授和讲座教授占全国的比例就已达60%以上，一定程度上说明了一流大学在师资队伍方面有着绝对的优势。这些长江学者已成为我国一流学科的中坚骨干力量。

第三，专任教师规模持续增长。一流大学专任教师从2016年的11万人增长至2020年的13万人，增长了18.18%，增速高于普通高校的14.38%。从表4－1可以看出，2016—2020年一流大学博士占比和高级职称占比远高于全国普通高校并且其占比还在持续增长，说明一流大学的教师队伍集聚了全国大多数高学历和高资历的高素质人才。同时一流大学教师教学投入有所增加。根据一流大学《本科教学质量报告》可以看出，一流大学2016—2020年教授授本科课程占课程总门次数的比例由30%以下增长至34.73%，同时2016—2020年学生评教满意率由90%提高到93%，说明教师对教学的投入在持续增长。

表4－1　　全国普通高校和一流大学专任教师情况

年份	全国普通高校			一流大学		
	专任教师（万人）	博士占比（%）	高级职称占比（%）	专任教师（万人）	博士占比（%）	高级职称占比（%）
2016年	160	22.89	42.25	11	75.63	70.59
2020年	183	28.04	43.39	13	79.40	71.76

数据来源：2016年数据来自《教育部直属高校基本情况统计汇编》，2020年数据来自各所高校官网和对外公布的数据。

（三）培养了大批精英型人才

自国家重点学科建设开始，到一流学科建设一直秉持的初衷是培养高质量的专门人才，改进和完善研究生培养制度。国家重点学科的品牌效应和影响力，吸引了众多优秀学生前来攻读硕、博士学位，从而培养出大批优秀的精英型人才，为我国的社会、经济建设提供了强有力的智力支持。

由于研究生培养质量评价的模糊性，笔者以现阶段高等教育界认同度较高的优秀博士论文评选结果作为评判标准，即重点学科建设以来所培养的博士研究生撰写的博士学位论文被评为全国优秀博士论文数量来衡量学科的研究生培养质量。从1999年全国优秀博士学位论文评选开始到2007年第三次国家重点学科评选结果公布，8年时间内评选出优秀博士学位论文884篇，其中出自国家重点学科达到657篇，占总数的74.3%；国家重点学科全国优秀博士论文比例最高年份为2000年，达83%，最低年份为2005年，为66.7%。可见，国家重点学科占据全国优秀博士学位论文的绝大多数席位，可以说，国家重点学科也代表了我国高等教育人才培养的最高水平。

一流大学相较于普通高校来讲，将研究生教育视为其核心竞争力的重要构成，这和国际上将研究生规模表征为一流大学建设程度的重要指标是一致的。自“双一流”建设实施以来，一流大学在研究生培养方面取得了一定的成效：一是一流大学研究生规模扩增。一流大学在校研究生数从2016年的60万余人增长到2020年的约85万人,[①] 占普通高校培养研究生总数的近三分之一，即占全国普通本科高校百分之三的一流大学培养出了全国三分之一的高层次创新人才。二是一流大学的研本比持续提高。一流大学的研本比从2016年的0.77：1增长到2020年的0.95：1，研本比逐渐接近1：1，这也是卡内基2018年高等教育分类标准中区分是否为研究型大学的重要指标[②]。其中研本比最高的前三甲分别为中国科学技术大学、清华大学、北京大学。三是在校研究生占比逐渐提高。在校研究生占比是评价国际上任一所大学研究生培养情况的重要参考指标。根据联合国教科文组织的数据[③]，我国在校研究生占比从2016年的5.86%上升为2019年的6%，这和一流大学研究生的培养也是分不开的。

（四）为我国科技进步与发展作出重要贡献

我国一流学科不但承担了国家重大科学技术任务，而且立足现有

---

① 2016年数据来自《教育部直属高校基本情况统计汇编》，2020年数据来自各所高校官网和对外公布的数据（缺西北工业大学和中国人民解放军国防科技大学两校的数据）。

② Definitions and methods [EB/OL]. http://carnegieclassifications.iu.edu/definitions.php. [2019-02-01].

③ The UNESCO Institute for Statistics (UIS). http://data.uis.unesco.org/, 2021-07-05.

基础，深入研究社会重大理论和实际问题，为我国科技进步与社会发展作出了重要贡献。一流学科承担国家重大科研任务，解决了一大批自然科学和技术关键问题。经过30多年的建设，一流学科的科研水平得到了长足发展，目前已经成为我国国家重大科研课题的核心力量。自2016年来，一流大学在国家科学技术奖励中表现抢眼，获奖比例一直保持高位。从通用项目获奖情况来看，国家科学技术奖励授奖项目由2016年的221项提高到2019年的239项，其中第一完成单位为一流大学的占比由2016年的13.57%提高到2019年的14.64%。值得一提的是，第一完成单位为一流大学的数量约占第一完成单位为高校的40%，并且一流大学在全国授奖项目中连年保持高比例（见图4－1），充分体现了一流大学在基础研究和重大原始创新中取得的成就。

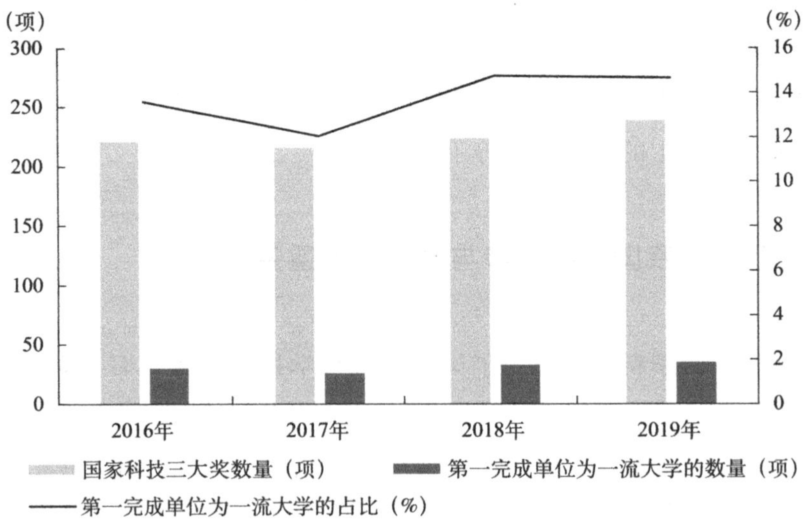

图4－1　2016—2019年以第一完成单位为一流大学获国家科技三大奖情况

数据来源：国家科学技术奖励工作办公室。

（五）部分一流学科跻身世界一流学科和知名学科

根据美国科学信息研究所开发的“基本科学指标（ESI）”数据库的数据，我们以在22个ESI学科领域里进入前1%为指标来界定世界一流学科。在2006年第三次国家重点学科评选之前，教育部对“211工程”中重点学科的建设情况进行了统计：1995—2005年10年间，我国有26所高校共计75个学科进入了ESI数据库有关学科领域的前1%，这些高校全部是国家支持的“985工程”和“211工程”建设高校，主要集中在材料科学、化学、物理学、工程学和计算机科学。将2013年初公布的22个ESI学科领域进入前1%的大学和学科，与2007年教育部公布的国家重点学科名单进行对比，发现目前我国进入ESI前1%的学科共有18个大学的44个学科，其中37个是国家重点学科，占总数的84%。18所大学全部为“985工程”和“211工程”大学，其中“985工程”大学17所。进入前1%的学科主要集中在材料学（12所高校）、化学（9所高校）、数学（8所高校）、工程学（6所高校）、计算机科学和物理学（3所高校）。进入ESI排行最多的大学分别为清华大学（6个）、浙江大学和中国科技大学（各5个）、上海交通大学和北京大学（各4个）、复旦大学（3个）。另外，南京大学、中国农业大学、哈尔滨工业大学、吉林大学、中山大学各有2个学科进入排行。

从2016年1月—2021年1月更新的ESI数据库前1%学科排名可以看出，进入ESI前1%学科的一流大学逐年增多，上榜的中国大陆高校数从2016年的171所增长至2021年的326所。拥有10个及以上ESI前1%学科的中国大陆高校从17所增长至34所，其中一流大学占比达 80% 以上（见表 4-2）。

可以看出一流大学在 ESI 前 1% 学科的中国大陆高校中起着非常重要的作用，具有很高的学术价值和行业认可度。进一步分析可以看出，各一流大学 5 年来发表的国际论文数量增长近 1 倍，而论文被引次数增长了 1.7 倍，显示出质量的增长速度高于数量的增长速度。

表 4-2　　进入 ESI 前 1% 学科的一流大学　　单位：所

年份	前 1% 学科的中国大陆高校数	拥有 10 个及以上前 1% 学科的高校数（一流大学）
2016 年	171	17（16）
2017 年	197	22（20）
2018 年	219	26（24）
2019 年	258	27（24）
2020 年	283	30（27）
2021 年	326	34（27）

数据来源：根据 ESI（基本科学指标数据库）公布的从 2016 年 1 月到 2021 年 1 月的数据整理得出。

一流学科建设高校的学科（仅搜集学科数大于 2 的高校）在第四轮学科排名中评审结果为 A+ 的 37 个，占 62.7%，一流学科建设高校整体水平中等偏上（见表 4-3）。一流学科是我国高等教育学科的最高水平。从上述分析可知，我国进入 ESI 前 1% 的学科主要集中于一流大学建设的学科，因此，一流大学建设的学科是我国学科进入世界一流的重要来源。历史的经验也告诉我们，世界一流学科是世界一流大学的突破口，因此，加速一流学科建设，特别是提升一流大学建设学科的水平是建设世界一流大学的必然选择。

表 4-3　　部分一流建设高校在第四轮学科评估中的结果

学校名称	一级学科名称	评估结果
东北师范大学	马克思主义理论	A+
	统计学	A
	世界史	A-
	数学	B+
	化学	B+
	材料科学与工程	—
华中农业大学	生物学	A
	园艺学	A+
	畜牧学	A+
	兽医学	A+
	农林经济管理	A-
北京协和医学院	生物学	—
	生物医学工程	—
	临床医学	A
	药学	A+
北京科技大学	科学技术史	A+
	材料科学与工程	A
	冶金工程	A+
	矿业工程	B+
华东理工大学	化学	B+
	材料科学与工程	B+
	化学工程与技术	A+
北京中医药大学	中医学	A+
	中西医结合	A+
	中药学	B+
中国矿业大学	安全科学与工程	A+
	矿业工程	A+

续表

学校名称	一级学科名称	评估结果
江南大学	轻工技术与工程	A +
	食品科学与工程	A +
中国地质大学（北京）	地质学	A +
	地质资源与地质工程	A +
中国石油大学（北京）	石油与天然气工程	A +
	地质资源与地质工程	A +
中国矿业大学（北京）	安全科学与工程	A +
	矿业工程	A +
中国科学院大学	化学	A +
	材料科学与工程	A
中央美术学院	美术学	A +
	设计学	A
中国传媒大学	新闻传播学	A +
	戏剧与影视学	A +
北京林业大学	风景园林学	A +
	林学	A +
南京农业大学	作物学	A +
	农业资源与环境	A +
北京邮电大学	信息与通信工程	A +
	计算机科学与技术	A
河海大学	水利工程	A +
	环境科学与工程	A -
西安电子科技大学	信息与通信工程	A
	计算机科学与技术	A -
华中师范大学	政治学	A -
	中国语言文学	B +
上海中医药大学	中医学	A +
	中药学	A +

续表

学校名称	一级学科名称	评估结果
东北林业大学	林业工程	A+
	林学	B+
中国石油大学（华东）	石油与天然气工程	A+
	地质资源与地质工程	A+
中国地质大学（武汉）	地质学	A+
	地质资源与地质工程	A+

数据来源：全国第四轮学科评估结果整理得出，http://sonky.eol.cn/api/newapi/assessresult。

二、一流大学及学科综合评价分析

（一）评价指标的选取依据

根据首轮“双一流”建设高校和学科的遴选标准及《“双一流”建设成效评价办法（试行）》对高校分类发展、成长增值程度和可持续发展能力的要求，从人才培养、科研水平、教师质量、社会贡献、国际影响和经费配置等方面对36所一流大学的建设成效进行评价与分类，尝试构建了包括影响力维度和贡献维度的一流大学建设成效评价指标体系（见表4-4），选取了8项一级指标和24项二级指标，其中“学校影响力”下设“人才培养”“教师队伍及教学投入”“学科建设”“教育经费”“教学质量”5项一级指标，“学校贡献度”下设“国家需要”“行业需要”“社会需要”3项一级指标。

表 4-4　一流大学综合评价指标体系

维度	一级指标	二级指标	权重	数据来源
学校影响力	人才培养	研究生规模	0.076	学校网站公开数据
		本科毕业人数	0.008	《本科就业质量报告》
		本科升学人数	0.035	《本科就业质量报告》
	教师队伍及教学投入	专任教师数	0.055	《中国教育统计年鉴》
		长江学者数量	0.082	学校网站公开数据
		主讲本科课程的教授占教授总数比例	0.051	《本科教学质量报告》
		正高级职称教师承担的课程门数比例	0.013	《本科教学质量报告》
	学科建设	高被引论文数	0.084	科睿唯安公布的数据
		ESI 前 1% 学科	0.070	科睿唯安公布的数据
		ESI 前 1‰学科	0.080	科睿唯安公布的数据
		学科评估获 A+数量	0.068	第四轮学科评估
		学科评估获 A 数量	0.071	第四轮学科评估
		学科评估获 A-数量	0.056	第四轮学科评估
	教育经费	教学日常运行支出	0.021	《本科教学质量报告》
		教育收支决算	0.039	学校信息公开网
	教学质量	学生评教满意度	0.004	《本科教学质量报告》
学校贡献度	国家需要	以第一完成单位获国家自然科学奖	0.066	教育部网站
		以第一完成单位获国家技术发明奖	0.045	教育部网站
		以第一完成单位获国家科技进步奖	0.071	教育部网站
		获部级以上科研成果奖（人文、社科）	0.009	《高校科技统计资料汇编》
	行业需要	企业科研经费	0.046	《高校科技统计资料汇编》
		技术转让收入	0.046	《高校科技统计资料汇编》
	社会需要	用人单位对本科毕业生的满意度	0.017	《本科教学质量报告》
		学生身体健康情况	0.003	《本科教学质量报告》

（二）评价指标的权重赋予

“学校影响力”和“学校贡献度”两个维度以及一级指标的权重是通过征询高等教育领域的专家学者和相关管理人员的意见进行主观赋权所得，“学校影响力”和“学校贡献度”分别为0.6和0.4，而二级指标的权重通过熵权法客观赋权所得，具体权重如表4－4所示。进一步分析，参照“双一流”建设的遴选标准，第一，“学科建设”一级指标下设“ESI前1%学科”（0.07）、“ESI前1‰学科”（0.08）、“学科评估获A+数量”（0.068）、“学科评估获A数量”（0.071）及“学科评估获A－数量”（0.056）等二级指标，突出指标的国际可比性；第二，“国家需要”一级指标下设国家科技三大奖等二级指标，体现学校的基础原创能力；第三，“行业需求”指标下设了“企业科研经费”（0.046）和“技术转让收入”（0.046）二级指标，凸显对国家和行业的重大影响。可以看出这三类指标的权重相对较高，说明这5年来一流大学学科建设、国家科技三大奖以及行业服务对成效评价的影响较大，且成效显著。

根据《“双一流”建设成效评价办法（试行）》的要求，从人才培养、教师质量、教育经费、社会需要等方面对一流大学和学科的成长程度和可持续发展能力分别设置不同指标，其中“研究生规模”（0.076）、“长江学者数量”（0.082）两个二级指标权重较高，可见，研究生的培养和高质量教师是评价一流大学成效的重要标准。

（三）建设成效的评价结果分析

建设成效评价体系中的指标分成两类：一类是客观数据，体现某节点的即时数据（如研究生规模，学科评估获 A +、A、A - 数量等）或某段时间的区间数据（国家科学技术三大奖获奖数、长江学者数量等）；另一类是主观数据，体现不同主体的感受程度（如学生评教满意度、用人单位对本科毕业生的满意度等）。该成效评价指标体系是集定性指标和定量指标、面板数据和截面数据、主观评价与客观模型于一体的动态监测体系，不仅对一流大学的横向和纵向数据进行了对比，还考察了一流大学在建设周期内的成长过程和发展结果。对不同单位指标进行无量纲化处理后，将全部数据代入指标体系，求得一流大学建设成效评价结果，并将结果分别进行 [-0.5，0.5] 的区间化处理，再以学校影响力为 X 轴、学校贡献度为 Y 轴，做二维散点图（见图 4 - 2）。按照散点图的归类，将 36 所一流大学划分到四个现象中。

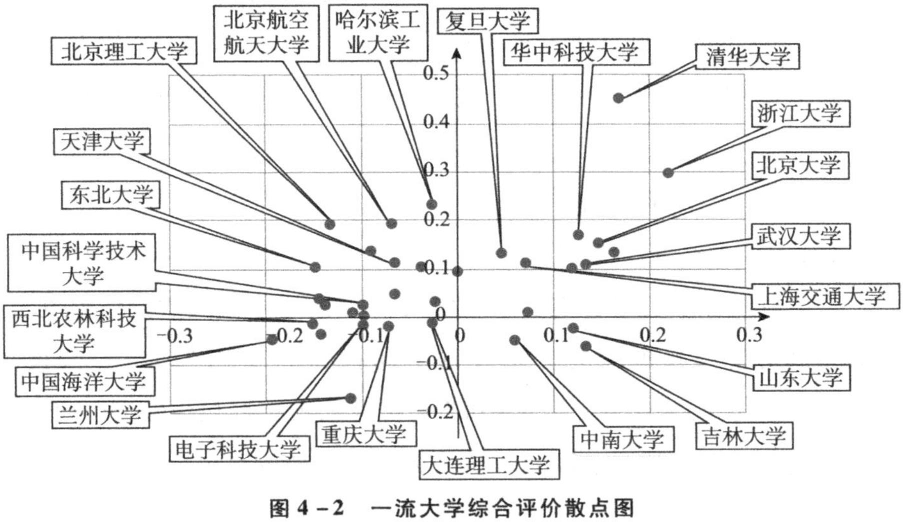

图 4 - 2　一流大学综合评价散点图

通过对一流大学综合评价的结果和象限分类可以看出，第一象限的特征是学校的影响力高，贡献度也高，这类高校一般以综合性大学居多，这也解释了为什么多年来高校一直追求“大且全”办学定位的原因，即综合性大学能够获得政府多种办学资源和政策倾向，使其在人才培养、学科建设、国家需求等方面表现突出，促进高校提质增产。

第二象限的特征是学校的影响力低、贡献度高，这类高校是四个象限中最多的，以行业特色型大学为主，说明国家多年来的政策支持使行业特色型高校在服务行业和经济发展方面取得了一定的成效，特别是得到了用人单位的高度评价，但仍需增加其科研的国际影响力。

第三象限的特征是学校的影响力低，贡献度也低，这类高校近几年在科研获奖方面存在一定的短板，并且行业需求成效也不显著，这类院校在下一轮“双一流”建设中需要找准定位和特色，这也是后续研究需重点关注的一类院校。

第四象限的特征是学校的影响力高、贡献度低。这类高校仅 3 所，需要进一步加强学校技术转让和学生体能的训练以加强行业贡献和社会贡献。需要强调的是，由于笔者选取的指标具有一定的倾向性，结果分类仅是一流大学在某段时间某方面的评价，若进一步对一流大学进行全面评价还需结合其他评价来综合判断。

第三节　我国高等教育的财政拨款制度

改革开放以来，我国高等教育拨款制度经历了多次变革，在拨款的目标、理念、政策等方面取得了相当的成效。讨论一流学科建设的财政拨款制度之前，首先要了解一下我国高等教育的财政拨款制度。

一、高等教育财政制度变迁

在高等教育财政制度当中，经费筹资制度最为重要，它直接关系到如何确定高等教育经费的投入主体，如何理顺各级政府间高等教育转移支付关系，如何确定政府的拨款数量、方式等。

1949 年新中国成立以后，中央实行了高度集中的财政体制，当时各项财政收支由国家财政计划统一列支。高等教育实行“条块结合”的管理办法，教育经费的收支也采取了一种先自下而上再自上而下的筹措和分配模式。“条块结合”指的是高等教育机构在管理过程中，既有从中央到地方这样自上而下的教育行政部门的计划指令，也有以地方政府为主导的横向统筹管理。“自下而上”是指中央各部委与各省（直辖市、自治区）首先根据所管辖的高等教育机构或当地需要拟订教育发展计划，逐级上报中央审批。“自上而下”是指地方政府逐级上报的各地教育发展计划和资金需求最终由中央政府进行统一调整、平衡和下拨。1978 年开始的改革开放为了调动地方积极性，在财政体制上进行了重大改革，这就是始于 1980 年的“划分收支，分级包干”的“分灶吃饭”财政体制。这一财政体制改革对高等教育拨款制度的影响体现在两个方面：一是高等教育经费筹措责任根据学校隶属关系由中央和地方财政各自负担，二是高等教育经费从以前的政府一家承担向以国家财政拨款为主、多渠道筹措教育经费的体制过渡。1985 年，《中共中央关于教育体制改革的决定》指出，高等院校“还可以在国家计划外招收少数自费生，学生应交纳一定数量的培养费”，这为之后高等教育经费的多渠道筹资奠定了基础。与此同时，我国在

1986年开始利用世界银行贷款建设高校重点实验室并接受港澳台人士的教育捐赠，这就在政府财政拨款、学生个人成本分担之外又增加了社会捐赠这一高等教育筹资新渠道。为了适应党的十四大提出的建立社会主义市场经济体制的目标，高等教育财政体制也酝酿着变革。1993年发布的《国家教委关于加快改革和积极发展普通高等教育意见的通知》提出要通过调动各方积极性来改革原有的国家包揽高等教育的单一体制，特别是在高等教育经费筹资渠道上要“逐步建立财政拨款为主、多渠道筹措经费的投资体制”。这些新兴的筹资主体包括社会、企业、个人和校办产业等。1998年颁布的《中华人民共和国高等教育法》中正式对这种多渠道筹资模式进行了确认。1999年之后，以成本分担为特征的高校学生收费并轨政策全面实施，高等教育财政多渠道筹资的格局基本形成。

（一）高等教育经费投入制度

新中国成立后，与统一的计划经济体制相适应，高等教育经费投入体制的基本特征是由举办者负责筹措和管理经费；改革开放后，高等教育的经费来源开始发生变化，多元化的投入机制逐步形成，当然政府投入的主渠道并没有变。世纪之交，中央和省级政府两级管理，以省级政府管理为主的高等教育管理体制基本形成，高等教育财政拨款制度也分为以中央财政为主和以地方财政为主两部分。

1. 国家预算管理体制

国家预算是政府的基本财政收支计划，反映政府的基本财政收支状况。国家预算管理体制是国家财政管理体制的重要组成部分和基本环节，是中央、地方各级政府之间划分预算收支范围和管理权限的一项基本制度。新中国成立以来国家预算管理体制经历了四个发展阶段：1950—1952年，实行统收统支的预算管理体制；1953—1978年，实行“统一领导，分级管理”的体制；1978—1993年，实行分级包干的体制；1994年至今，实行分税分级管理的体制。

2. 高等教育财政体制

新中国成立以来，随着国家财政管理体制和高等教育管理体制的发展变化，高等教育财政体制也发生了多次变化。

（1）中央统一财政和分级管理。1949—1979年，在计划经济体制框架下中国实行中央统一的财政体制，在具体的管理方法上按中央规定的财政系统执行分级管理的财政制度。在这种财政体制下，全国各类高校的经费开支都按其行政隶属关系“纵”向划分；高等教育实行“条块结合”的管理办法，各中央部委与各省（直辖市、自治区）制定自己的高等教育发展计划与经费预算，上报中央平衡、审批。这一阶段进一步按整个教育财政管理体制的变化细分为以下四个阶段。

第一，“统一列支”阶段。新中国成立初期实行“统一列支”的财政管理体制，即对教育经费采取统包的办法，按中央、大行政区和省市三级财政管理，实行“统一列支”。高等学校的办学经费根据其管理关系由中央财政和地方财政分别安排。1951年，政务院进一步明确：教育费，列入中央预算者，为中央直属的大学专科以上学校、各高级科学研究所、民族学院或分院；列入大行政区预算者，为大行政区直属大学专科以上学校及民族学院或分院；列入省（市）预算者，为省（市）直属的独立学院、专科学校等，由地方附加开支。新接收的教会学校经费，暂列中央预算。

第二，“统一领导，分级管理”阶段。1953—1957年第一个五年计划期间，实行“统一领导，分级管理”的财政管理体制。全国财政划分为中央、省（市）和县三级财政管理。各级教育行政机构根据中央规定的财政系统，严格执行三级财政制度。教育经费列入国家预算实行统一领导，地方根据需要上报并最终由中央政府统一调整和平衡。

第三，“条块结合，以块为主”阶段。1958—1966年，实行“条块结合，以块为主”的财政管理体制。各级人民政府财政部门在编制经费概算和核定下级教育经费预算时，应与同级教育行政部门协商拟定，提请同级人民委员会审定；各级人民政府在下达经费预算指标或批准下级教育经费预算时，应将教育经费单列一款。高等教育经费的具体管理办法是：财政部根据教育部、计委提供的教育事业发展计划，按照定额定员的核算方法分别给地方、各部门核定教育经费，即“条块”结合；然后，根据财政部下达的经费指标，各级预算的编制和执行由各级人民政府负责，地方政府有权结合自己的财力对高教经费进行统筹安排，即所谓以“块”为主。

第四，“财政单列，戴帽下达”阶段。1966—1971年的财政经费管理比较混乱。1972—1979年实行“财政单列，戴帽下达”的财政管理体制，即教育经费单独列出，上级部门将指标下达给下级部门。高等教育经费由中央财政统一按计划“戴帽下达”。

（2）分级财政和分级管理。1980年，我国的财政管理体制发生了重大变化，开始实行“划分收支，分级包干”的“分灶吃饭”体制，即将中央统一的财政体制改为中央和地方分级负责，中央不再统一高等教育财政，除中央高校的经费仍由中央政府负责外，各省（市）地方高校所需经费由各省（市）省级政府负责，这种“分灶吃饭”的体制扩大了地方的高教财政的自主权，对于调动地方政府的高等教育投入办学积极性，促进地方高等教育事业与当地经济和社会发展进程的紧密结合，起到了积极的作用。

第一，“财政切块，分级负责”阶段。高等学校的教育事业经费由中央和地方两级财政各自“切块安排、分级负责”。1985年《中共中央关于教育体制改革的决定》提出：“在今后一定时期内，中央和地方政府的教育拨款的增长，要高于财政经常性收入的增长。”该决定体现了国家对教育经费优先安排的原则。新体制还将过去由上级主管部门核定学校年度预算、年终结余上缴财政的办法改为“预算包干，结余留用”，允许高校将上年度预算结余部分转入下年度使用。这样做有利于促进高校主动避免浪费，提高资金使用效益的积极性。

第二，“分税制”阶段。从1994年起，国家开始实行分税制，并按事权与财权统一原则划分中央和地方收入，按中央和地方的事权划分各级财政的支出。分税制进一步明确了各级政府在教育投资方面的责任及其财源，也进一步调动了各级政府增加教育投入的积极性。

在高等教育管理体制上，我国实行中央政府和地方政府两级管理，以地方政府管理为主的管理体制。与之相对应，在高等教育政府财政拨款体制上，中央部委所属高校的财政拨款主要由中央财政支出，地方所属高校的财政拨款主要由地方政府财政支出。同时，中央财政对地方高校与地方财政对中央部委所属高校也互有一定的项目支出。① 两级政府的高等教育财政拨款均由高等教育事业费拨款、科研经费拨款、基本建设费拨款、专项经费（如“211工程”、“985工程”、研究生教育创新计划、高等学校科技创新计划、“双一流”建设等项目）拨款及学生资助拨款等几大部分组成。其中，高等教育事业费拨款占

① 谢安邦．中国高等教育研究新进展2004［M］．上海：华东师范大学出版社，2006.

财政拨款总额的绝大部分。

（二）高等教育财政转移支付制度

财政转移支付制度协调的是多级政府架构下的上下级政府间财政关系。高等教育财政转移支付制度在理论上应当与政府间对高等教育的责任紧密联系。总体而言，中国的高等教育管理体制一直在中央集权和地方分权之间摇摆。为了统一计划、调配全国高等教育的人才培养，直到20世纪80年代之初，我国的高等教育管理体制都是以中央政府为主导的。改革开放之后为了调动地方积极性，高等教育管理责任有所下放，先后经历了“中央、省（自治区、直辖市）、中心城市三级办学的体制”（1985年《中共中央关于教育体制改革的决定》）、“中央、省（自治区、直辖市）两级政府办学为主的体制”以及“以省级政府为主的体制”（1993年《中国教育改革和发展纲要》）。因此，从经费拨款来看，目前主要采取的是根据管辖权各自承担筹资义务的财政制度安排，跨政府层级的拨款（即转移支付）相对较少。现有的中央政府对地方政府的高等教育转移支付主要集中在重点高校专项建设经费、学生资助等方面。从数量上和拨付程序上仍然缺乏以调节地区差异、补助弱势群体的专项转移支付安排。相对其他高等教育财政制度安排而言，转移支付制度较为薄弱，一是不够系统，二是过程不够透明、科学，这与公共财政建设强调通过转移支付来平衡宏观的地区发展差异以及微观的个人收入分配差异的方向是不一致的。之所以造成这一现状，主要还是和我国的财政制度有关。我国的财政制度长期以来都是重收入权划分、轻支出权划分，1994年的分税制改革比较严格地划分了各级政府之间的收入权限，但是对各级政府的支出责任却界定不清。缺少严格、系统的转移支付制度就会导致各级政府面对同样的公共服务提供时容易推诿扯皮或者提供不足。

（三）高等教育拨款制度

高等教育拨款制度是指有关政府财政向高等院校提供的资金总量、资金拨付方式及资金在高等院校内部的分配、使用的过程与结果等的制度安排。孙志军提出了“三位一体”的高等教育拨款制度基本框架，认为拨款制度由拨款主体和拨款机制组成①。拨款主体是拨款的组织结构体系，主要包括资金的提供机构、拨付机构及提供有关决策信息的其他机构。目前有些国家财政资金的提供与拨付都是由政府的相关职能部门负责；有些国家财政资金由政府提供，而拨款由相对独立的中介机构负责。拨款机制主要包括资金的供给机制、分配机制和问责机制。供给机制主要界定的是财政资金的供给规模、供给方式及供给对象。分配机制主要界定的是财政资金怎样向高等院校进行分配以及在高等院校内部如何进行分配与使用。② 拨款制度主要涉及三个问题：一是财政资金提供的充足性、公平性与效率性；二是财政资金投入与使用的绩效与质量；三是响应问责。充足性是指政府财政应该并且能够提供多少资金；公平性与效率性主要是如何选择科学的资金分配方式促进财政资金使用更加公平、有效率；绩效与质量主要是如何将绩效评估结果与拨款联系，如何通过制度运作提高高等教育质量；

① 孙志军，王善迈，成刚．论现代高等教育财政拨款制度［J］．教育研究，2009（9）．

② 张岩峰．我国高等教育投资体制改革的问题与政策选择［J］．科学导报，2001.3.

响应问责主要是制度设计要充分考虑相关群体利益，做到既体现政策取向，又响应社会关切。充足性、公平性与效率性是传统高等教育拨款制度有效性的评价标准，而绩效、质量与问责则是目前世界各国高等教育拨款制度改革的基本方向。

广义来讲，财政支持是国家财政以无偿拨付的方式，如财政拨款、财政补贴等对国家扶持的产业、部门或企业和具体项目进行的资金方面的支持。高等教育财政拨款是指财政预算内教育拨款，是中央、地方各级财政或上级主管部门列入国家预算支出科目，在本年度内安排并划拨到教育主管部门和主管各类学校、教育事业单位的其他部门的教育经费，也称财政预算内教育经费。我国的教育财政预算内拨款主要包括教育事业费拨款、基建拨款、科研经费拨款和其他经费拨款。高等教育财政拨款是教育财政拨款中划拨到高等教育领域的部分。

早在 1993 年，中共中央、国务院颁布的《中国教育改革和发展纲要》就曾提出，逐步提高国家财政性教育经费支出占国民生产总值的比例，在 20 世纪末达到 4%。据媒体报道，教育经费占 GDP 的比重，世界平均水平为 4.9%，发达国家为 5.1%，欠发达国家为 4.1%。印度、哥伦比亚、巴西等发展中国家都超过 4%。对于高等教育而言，由于其办学的综合性及成员的复杂性，使得采用单一的财政拨款方式及拨款依据显得极不适应当今高校的发展要求，不符合党中央优先发展教育的方针。

二、高等教育财政拨款模式

自新中国成立以来我国一直采用直接拨款的模式，随着国家财政管理体制以及高校教育管理体制的改变，我国的财政拨款模式也在变化，出现过递增拨款（基数+增长）、零基预算拨款、计划程序拨款、公式拨款、基金制拨款、合同拨款、绩效拨款、综合定额+专项补助、基本支出预算+项目支出预算等模式。本章着重介绍其中的三种。

（一）“基数+发展”拨款模式

1955—1985年，我国高等教育采用“基数+发展”拨款模式。定额定员是该模式经费拨付的基础，即在定额定员的基础上分析高校的规模及日常开支加上衡量高校拨款年份的发展与变化作为拨款依据的模式，即当年各校的经费分配额以其前一年所得份额为基础，考虑当年事业发展与变化的情况而确定。这种拨款模式虽与“增量拨款”模式有相似之处，但比增量拨款更先进。增量拨款通过制定规模扩大部分的增长系数来确定增长额，此种模式使经费核拨有了标准可依，并且保证了人员经费的开支，也便于操作，但也使该方式存在很大的主观性，各高校在申请财政预算时通常会出现瞒报虚报的现象，特别是在“发展”这个指标里往往出现拨款落不到实处的现象，拨出财政经费经常被另作他用。而“基数+发展”模式以历史的支出结果为基础，使财政拨款与高等教育机构的事业计划之间联系不紧密，导致高校在扩大招生规模、提高经费使用效益等方面缺乏积极性，甚至导致追求成本最大化的怪现象。

新中国成立以后的头几年，由于整个预算体制尚不健全，高等学校预算的核拨方式和标准比较粗放，无成型的方法。从1955年起，一直到1986年10月，我国高等学校教育事业费的核拨方式基本上是按照定额定员的方法进行的，没有太大变化。根据定额定员法核拨教育事业费使经费核拨有标准可依，并保证了人员经费的开支，对完善教育事业费核拨有一定积极意义。但它也存在一些问题，主要是在制定各项经费标准的同时，各项经费专款专用的规定限制了学校统筹使用经费的灵活性，造成学校有限资金的分散与割裂，降低了资金的使用效率。另外。"基数 + 发展"的方式虽然易于操作，但由于它是以往年的支出结果而不是以合理的成本分析为基础的，所以会导致单位成本越高的学校获得的经费越多，不利于学校控制成本和提高经费使用效率。

（二）"综合定额 + 专项补助"模式

1985 年开始，我国高等教育财政拨款采用"综合定额 + 专项补助"模式，并执行"包干使用，超支不补，结余留用"的原则。"综合定额 + 专项补助"模式是指政府的财政拨款由综合定额与专项补助两个部分组成，综合定额即生均综合定额，其也是基于定员定额的原理，根据上年度生均成本和本年度在校生规模（包括本年度计划招生数）核定，经费总量需根据政府有关部门制定的分层、分类型、分区定额标准和高校在校生人数核定。这也就是为何国家强制规定工程类博士不收学费，师范类、农学类学费较低的原因。专项补助作为综合定额的补充，是由财政部及高校相应教育主管部门根据国家的政策倾向和高校的特殊需求单独核定下发的。预算核定方式的改革提高了高校经费拨款的透明度，明确和细化了拨款的具体依据，有利于克服原来的"基数 + 发展"分配模式的随意性，而专项补助项目的设立使高校拨款与政府的高等教育政策目标更紧密地结合起来。但该模式仍没有反映高等学校的实际成本，容易导致盲目扩大招生规模的现象；固化因素较多、对学校的办学行为缺乏有效的激励，不利于效益的提高、特色的形成和创新的产生。在这一拨款方式下，学校获得的拨款数量直接与办学规模相关，因此一方面激励了高校响应市场需求扩大招生数量，另一方面也引发了一些高校盲目地过快发展。

作为对改革高等学校拨款机制的探索，国家教委按照“统筹规划、合理安排、保证重点、提高效益和公平、透明”的原则，在一些直属高校中试行“基金制”拨款办法。从试点院校的改革情况看，这种拨款制度有利于政府转变职能，把对高校直接管理逐步转向政策引导与宏观调控，有利于促进高等学校的自主办学和发展，提高规模效益和办学质量。

（三）“基本支出预算+项目支出预算”模式

从2002年开始，财政部对中央部门预算核定方式改为“基本支出预算+项目支出预算”，高等教育财政拨款模式进入第三阶段。基本支出预算主要指高校教育事业费拨款，用于维持学校正常运转，在拨付过程中逐步推进科学、公开、透明的拨款公式。项目支出预算则是为了激励和引导学校的发展方向，满足学校的特定需求。例如，中央政府实施的“211工程”“985工程”“中央财政支持地方高校发展”“双一流”建设等以及各地政府实施的用于鼓励当地民办高校、高等职业学校发展的专项资金。该模式与“综合定额+专项补助”模式颇有相似之处。①

---

① 王寰安，张兴，包海芹．中国高等教育拨款模式改革研究［J］．江苏高教，2003.2.

三、我国高等教育拨款方式改革

（一）直接拨款方式的改革

在理论上，公共高等教育经费的划拨一般通过两种途径：一是直接拨款机制；二是间接拨款机制。前者指政府直接（或通过一个缓冲机构）将高等教育经费拨付给高等院校的方式；后者是指政府将教育经费以对学生直接资助的形式支付给学生，再由学生付学费给学校。从世界范围来看，几乎所有国家都是通过直接拨款机制来对高等院校进行资助的。一般直接拨款方式有增量拨款、公式拨款、合同拨款、绩效拨款 4 种。这 4 种方式各有利弊，任何一种拨款方式，都很难解决政府教育资金的效率问题。

增量拨款是一种“基数 + 发展”的拨款方式，其增加的拨款部分主要依据高校原有规模的扩大部分，比如增加新的专业、项目，或扩大招生等，增量部分的确定方式主要有按公式测算、经验判断和简单的增长比例三种。这种方式在 20 世纪 90 年代以前，在世界不少国家得到广泛应用，正是这种拨款方式顺应了世界高等教育大众化趋势，在当时特定的由精英教育向大众化过渡时期，政府很好地处理了与高等教育大发展及大众对高等教育的需要的矛盾。但随着高等教育改革特别是管理体制改革的深化，这种增量拨款的方式缺陷也很明显，比如刻板、僵化、较少考虑教育质量和效率、难以真正调动积极性等。因此，现在很少有国家还在使用。

教学拨款首先以公平为主，对教育资源进行基础性分配保证高校的基本运转需要。经常性教学拨款的基础就是为教学提供正常的运行经费，并至少保证为每个学生提供合格的教学条件。这部分拨款可以利用公式拨款法，主要按照不同科类生均成本、成本分担办法和学生数量进行拨付，以保证基本经常费的起点公平。但经常性教学拨款对教育质量的激励没有什么作用，为了促进教育质量的不断提高，还需引入评估手段对学校教学质量进行评估，根据评估结果对教学质量高、有特色的学校追加拨款。

合同拨款法用于科研和专项基金的分配，实行专款专用。通过合同来确定任务指标、研究进度、完成期限和基金的使用，申请者负责，单位监督保证，体现了责、权、利相结合。该拨款方式有利于调动科研人员的积极性、主动性、创造性，以确保教育经费的使用效率和质量，提高科研水平。但这种拨款方式具有一些缺陷，比如对高校基础学科和基础研究、学科发展和学术创新、学术的自由等方面具有不利因素。

高效益地实现高等院校的总目标是拨款制度的最终目的，实行绩效拨款制度有利于调动高校的积极性，提高经费使用效率。绩效拨款制度是在对高校质量、效益、效率进行衡量的基础上，决定后继拨款的多少、方向、形式、方法，以发挥拨款方式指导学校发展的作用。实行绩效拨款制度，就是将竞争机制引入高教界，在尊重高等院校的自主权和自身发展规律与特点的同时，通过市场竞争手段，进行有效的资本积累和资本重组，以及教育质量的比拼，特色、品牌的博弈，学术声誉的较量。它不仅可以解决经费投入不足的矛盾，以相对较少的投入获得较多较好的产出，而且可以有效地促进高等院校科技的转化和品牌的提升，更重要的是建立了一套公平、公正、透明、高效的竞争机制，培育了一种积极向上的发展环境，将“稀缺资源”配置到条件和效益比较好的地方。

（二）间接拨款方式

间接拨款方式，主要是通过教育券拨款机制来实现的。教育券制度是政府将用于教育的公共经费以教育券的形式直接发给学生或家长，而不是发给学校的一种拨款方式。学生或家长可以用教育券支付所选学校的学费和相关教育费用。这种制度中经费跟着生源走，可增进学校之间的有效竞争，提高资源配置的效率，提高学校适应市场的能力。①

我国传统的政府直接拨款的弊端之一是在投入既定的情况下对学校的最大化教育产出的激励很低，学校管理者不能从提高教育效率中获利。在教育券拨款机制下，学校将与企业一样相互竞争。高等院校为了获得经费收入，不得不提高教育服务质量，竞争学生的教育券。相对于义务教育而言，在高等教育方面教育券的主要作用更体现了它扩大学生自主权、提高学生自己规划教育项目可能性的功能。正是由于当今社会消费者需求的多样性，设计出满足各种需求的方案，并把它们推到市场上让消费者任意选购，不失为一种良策。

第四节　构建一流学科财政拨款模式

拥有一批具有国际影响力和高质量的一流学科是一个国家核心竞

① 张璇．高等教育“教育券”拨款机制探讨［J］．江苏高教，2003.6.

争力的体现，也是实现高等教育强国的关键因素。无论何种层次学科的发展都离不开资金，特别是财政经费的支持。因此，构建科学合理且有效的一流学科财政支撑体系是一流学科建设的基本保障。本节通过经费投入、绩效评价、拨款模式和管理制度等方面来尝试构建一流学科的财政支撑体系，以期提高一流学科的社会影响力、国内竞争力，并为下一轮“双一流”建设提供参考。

一、形成多元投入、合力支持的格局

以支撑服务国家和各省创新驱动发展为导向，遵循学科发展规律，按照“集中资源，率先突破，带动整体”的思路，瞄准国际国内一流目标，重点建设一流学科，同时还要注重学科经费的筹措能力。建设国内和世界一流学科是一项长期任务，需要多方共同努力，通过争取中央财政投入、设立建设专项资金、整合部门资源、新增经费重点倾斜、调整高校支出结构和吸纳社会资金投入等多种方式筹集一流学科建设资金，形成多层次、多渠道、多部门的多元化投入、合力支持的格局。具体来讲，有以下几个方面。

第一，积极争取中央财政通过支持地方高等学校发展的相关资金给予引导支持。支持相关高校积极争取纳入国家“双一流”建设资金支持范围。加大财政投入力度，积极统筹各方面资金，支持和推进高水平大学和一流学科建设。积极争取国家相关项目对各省高校的投入和支持。对部委属高校按省部共建协议给予多方支持，对省部共建的省属高校，积极争取国家部委的支持。

第二，省财政加大投入力度，加强资金统筹。省财政将一流学科建设所需资金纳入本级财政年度预算和中期财政规划，并通过相关专项资金给予引导支持，主要用于提升学科建设水平，包括人才培养、科学研究、师资队伍和高水平科研团队建设、重大科技创新平台建设、社会服务、发展哲学社会科学、国际国内交流合作、提升高校治理能力等方面。对进入国家“双一流”建设行列的高校，按国家要求予以相应的配套支持。

第三，高校要充分发挥主体作用，多渠道筹集建设经费，加大资金统筹力度，扩大社会合作，增强自我发展能力。鼓励重点学科所在高校多渠道筹措建设经费，通过承担纵、横向科学研究课题争取经费补充，积极争取社会各界的支持。发挥财政资金杠杆作用，通过政府投资基金支持、贷款风险补偿等形式，引导社会资金支持高校科研成果转化推广。落实高校生均经常性拨款经费水平，逐步增加规模，健全教育成本分担机制，合理调整学费标准。鼓励有关部门和行业企业通过共建、联合培养、科技合作攻关等方式积极参与“双一流”建设。高校要统筹经常性经费、学费收入及其他各项事业收入等，优化支出结构，提高对人才队伍建设使用的比重，加强对“双一流”项目经费的管理，提高资金使用效益。要积极拓宽筹资渠道，通过 PPP 等融资模式扩大社会合作，广泛吸纳校友捐助、社会捐赠，健全社会支持长效机制，研究建立高校捐赠收入财政配比奖励制度。

二、强化一流学科建设政策激励

各省发展改革、财政、人力资源与社会保障、科技、教育等部门在项目建设、资金安排、人才队伍建设、管理体制改革、人事制度改革、科研管理制度改革、收入分配制度改革、人才培养模式改革等方面加强指导和支持，积极鼓励重点支持高校大胆创新、率先突破，为一流大学和一流学科建设提供有力支撑。统筹教育领域各类重大项目，加大对一流大学和一流学科建设的支持，尤其对高校基础能力建设工程、高校教学质量提升工程、高等职业教育创新发展行动计划、大学生思想政治教育质量提升工程和高校思想政治理论课建设体系创新计划等优先给予支持。深化高等教育领域简政放权放管结合优化服务改革，在考试招生、人事制度、经费管理、学位授权、科研评价等方面切实落实建设高校自主权。

支持高校在核定的编制总额内留出一定百分比的编制用于吸引高层次创新人才，鼓励实施“领军人才 + 创新团队”的精准引才模式，引进的国内外领军型创新团队。探索对高校科研人员实施股权、期权和分红激励，加大在专利权、著作权等知识产权及科技成果转化形成的股权、岗位分红权等方面的激励力度。将财政资金支持形成的科技成果的使用、处置和收益权全部下放给项目承担高校，高校职务发明成果和科技成果转化收益按不低于某比例归完成人（团队）所有。以科技成果作价入股作为对科技人员的激励涉及股权注册登记及变更的，除涉及国家秘密、国家安全外，无须报高校的主管部门审批。

三、强化绩效考评

建立考评机制，根据建设目标和建设任务建立考核评价指标体系。实行年度报告、3 年中期评估和 5 年期满考核验收相结合的办法，对立项建设学科进行评价考核。积极采用教育部学位与研究生教育发展中心学科评估排名、ESI 排名以及世界著名大学排行榜等第三方评价。强化绩效激励，实行滚动建设和退出相结合的管理机制，根据考核结果、资金使用效益，动态调整支持力度。鼓励高校争创一流，中期评估前成熟一个支持一个，达到立项标准即纳入建设范围。对未完成中期建设目标的立项建设学科，减拨或停止其支持经费；对 5 年建设期满考核优秀的项目，予以奖励和滚动支持。建立健全符合学科建设规律的绩效评价机制。以绩效考核为约束，完善管理方式，增强高等学校财务自主权和统筹安排经费的能力，充分激发高等学校争创一流、办出特色的动力和活力。

四、一流学科经费管理使用制度

按照国家和各省财政科研项目资金管理办法规定，深化高校科研管理领域“放管服”改革，完善高校财政科研项目资金绩效评价制度；项目承担单位统筹安排间接费用，科学合理地核定间接成本和项目承担单位在职人员的绩效支出，绩效支出应与科研人员在项目工作中的实际贡献挂钩，不计入绩效工资总额；高校以市场委托方式取得的横向经费，纳入单位财务专账管理，按照委托方要求或合同约定管理使用，承接横向委托项目的有关收入不纳入绩效工资总额。

加强创新成果知识产权保护，赋予学校和学科带头人更大的人、财、物支配权和技术路线决定权，激发科研创新的活力。依法支持项目单位扩大学位授权审核自主权，鼓励其主动开展授权学科动态调整，进一步增强授权学科与全省经济社会发展的契合。完善管理方式，进一步扩大高校财务自主权，增强统筹安排经费的能力。通过逐步提高生均定额拨款标准，按照国家相关政策规定合理调整学费标准，规范教育收费定价自主权。

建设期内，根据规划分年度拨付支持经费，对每个立项建设的一流学科，按自然科学类和人文社科类确定标准后区别拨付支持经费。提高高校生均财政拨款水平，健全教育成本分担机制，合理调整学费标准。高校要统筹经常性经费、学费收入及其他各项事业收入等，优化支出结构，规范内部财务制度，提高资金使用效益。

五、一流学科财政拨款模式

构建公共财政的一个重点内容就是重视研究多参数拨款公式的设计，力争建立科学、公平的拨款公式。因此，参考国内外对高校的拨款模式以及学科建设的特点，创新支持方式，强化精准支持，综合考虑建设高校基础、学科类别及发展水平等，给予相应支持。因此，本节构建了“质量＋潜力＋绩效”的学科拨款模式，体现学科的积淀与成长，在公平竞争中体现扶优扶强扶特。

学科质量拨款是国家和省级政府根据学科发展的目标（国家一流、省级一流）来进行拨款，保障一流学科正常运转，在拨付过程中逐步推进科学、公开、透明的拨款公式，按照扶优做强、打造高峰的思路，推进“特色优势学科”建设。公式中可将一流学科按发展水平分为A级和B级，相应遴选并集中力量建设在国际国内享有一定知名度、特色鲜明、具有示范引领和核心支撑作用的学科。A级学科由中央以专项形式下拨款项，省级财政将其纳入高校预算拨款中统筹考虑，并通过省级相关专项资金给予引导支持；B 级学科也由中央以专项形式下拨款项，省级政府也要将其纳入高校预算拨款统筹，并给予配比资金支持，主要用于提升学科建设水平，包括人才培养、科学研究、师资队伍和高水平科研团队建设等。

学科潜力拨款则是为了引导学科突出特色、提升水平，特别是针对行业特色或中西部地区高校学科的特定需求，支持建设能够为各省的经济社会发展提供人才和技术支撑、区域特色鲜明、发展潜力较大且在省内处于领先地位的学科。通过省级适当扶持、学校重点投入的方式，提升学科水平，使其学科综合实力有较大提升，服务国家和省发展的能力显著增强，向国内一流学科不断迈进。同时鼓励高校加大投入，对具有鲜明行业特色和广阔发展前景、经济社会发展急需的学科及新兴交叉学科进行重点培育。省级财政和所在高校共同筹集，并积极争取中央财政的支持，所在高校要有一定比例的配套投入。对经认定的社会捐赠，省级财政给予相应的奖励。积极吸引社会捐赠做大做强教育基金会，进一步健全成本分担机制和社会支持长效机制，形成多元投入、合力支持的格局。

绩效拨款是为了激励学科发展，中央、各省相关部门和高校要对一流学科建设开展跟踪指导、动态监测，根据办学水平、人才培养质量、科学研究水平、基本办学条件等，合理确定一流学科评价内容和标准，不断规范和完善相关评估指标体系，建立信息公开制度，主动接受社会公众监督。实行年度报告、中期评估、建设期满考核验收、互评以及积极引入科学、公信的第三方评价。在相对稳定支持的基础上，根据学科建设实施情况、预算执行情况、绩效评价结果实行滚动预算，动态调整支持力度，增强建设的针对性和实效性。在追求绩效的政策框架下，学科发展必然会重视结果导向的评价与资助。突出绩效导向，对实施有力、进展良好、成效明显的高校适当加大支持力度，分级分类给予奖励支持，依据考评结果，实行调层进位和淘汰退出等动态调整机制，加大绩效激励力度。

一流学科的经常性财政拨款模式如图4-3所示。

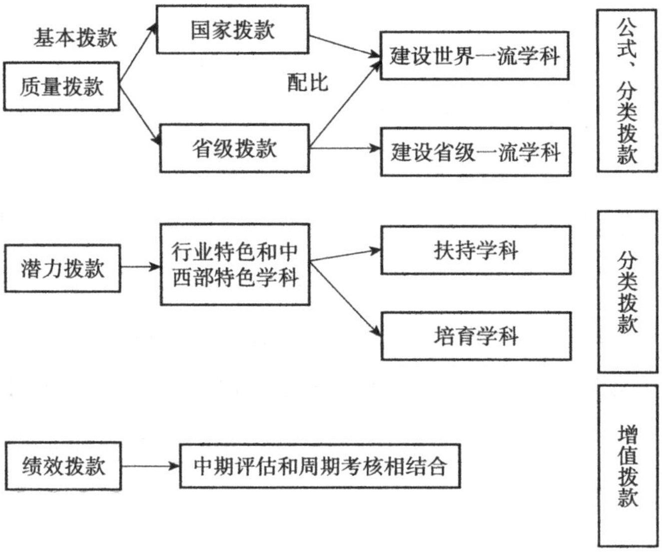

图4-3　一流学科的经常性财政拨款模式

项目性科研拨款，如学科的设施设备建设、基础设施，是以竞争性项目形式来拨付款项。

学科拨款=学科经常性拨款+项目拨款=质量拨款+潜力拨款+绩效拨款+项目拨款。

建立有效的拨款公式就是要设定一种囊括有关一流学科建设尽可能多的成本参数，不再仅以单一政策参数为主，而是变成了综合政策参数的拨款公式，这样就可以较好地反映出高等院校的成本行为。学科拨款公式的主要特点包括：

（1）联合中央及地方的多参数综合拨款。对于我国而言，虽然中央及地方的关系与美国和日本有很大体质层面的区别，但现行的多种政策制度也是由中央及地方配合完成的，特别在省一级更是有比较大的政策行使权。在对高校学科的财政拨款方面，中央直属院校学科与地方院校有着截然不同的扶持政策，这使得地方高校的学科发展十分受限。因此，在一流学科的建设上政府应该加强不同层级的配合，划清归属关系，根据不同层次的学科由中央和地方明确责任进行拨款，不但在宏观层面可以调整各校及各地高校学科的发展，还可以促进区域经济的形成及发展。而对于基本拨款，不能单纯使用以学生人数为单一指标的生均综合定额，应该引入多参数共同作用的综合拨款，例如美国的公式拨款，加入质量、类别、区域等影响因素在拨款上体现。

（2）加强专项性补助的分类核拨。我国过去采用的专项补助，往往因为各种因素最后导致专项性未体现出来而都变成了综合定额。对于一流学科建设来讲，加强专项性分类拨款十分必要，要建设扶持和培育行业特色型高校的学科或者中西部的学科，地方政府就要以专项补助的形式下拨经费，以促进学科质量稳步提高。而此种专项性补助以及拨款后的监督评估均由政府、学校二者配合专门拨款机构来负责完成。

（3）推进绩效及评估在拨款中的体现。一流学科的拨款要明确区分及对过去年度表现情况做出评估，才能提高经费使用效率。参考各国高校的拨款经验，都有拨款后对经费使用情况的监督评估，以保证财政拨款经费的使用效率，特别是在日本，这被定义为最重要的拨款步骤。评估主要有校内评估以及外界评估两类，校内评估可以通过对比学习，有效促进校际间交流与发展；校外评估则主要通过专门拨款机构来完成，其评估结果可以作为下一次拨款的依据，对学校进一步发展提高作出指导。高校的学科评估和绩效也可为政府、高校及社会公众提供参考信息。

第五章

一流学科建设的政策建议

一流学科成长的双重逻辑是不同视角下的理性思考，透过不同视角提炼一流学科成长的规律及特性。而我国从《统筹推进世界一流大学和一流学科建设实施办法（暂行）》出台到《“双一流”建设成效评价办法（试行）》发布，是一流学科阶段性建设的实践指导，通过政策引导提高一流学科建设水平。同时，财政资助作为一流学科成长的根本保障，既要发挥财政的激励和导向作用，又要拓宽高校的经费渠道，使其学科建设不完全受制于政府的财政资助政策。

第一节　一流学科建设与高校资源配置

资源配置就是将相对重要的建设资源在学校各个发展建设方面加以比较做出适当的投入。一流大学建设重在以学科为基础的学校整体建设、重点建设，特别强调人才培养水平、学科水平和创新能力，一流学科建设重在优势学科建设，促进结构布局优化协调，强调特色发展、内涵发展，引领健全学科生态体系，创新人才培养模式，强化多层次多类型的一流人才培养，这必然要求学校着力加强资源募集调配机制等领域环节的改革，注重学校办学资源的集成管理和有效配置，统筹学校发展目标与规划，实现质量至上的可持续发展。学科建设是战略性、系统性工程，要明确学科建设的战略目标和任务，要围绕学校教育事业发展需要、服务经济社会发展和瞄准科技发展前沿，优化学科结构，科学、有效地配置学科资源。各高校在资源配置实践中要不断探索更为有效的途径和方式，为学校教育事业的快速发展提供基本保障。

一、健全学科资源配置制度体系

高校及其学科的一流建设是资金和人才的密集型、系统性工程①，学校要做好资源配置的顶层制度设计，制定物力、财力和人力等各项资源配置的相关管理制度，出台有关管理措施和办法，完善各项资源配置的实施细则，建立科学合理的资源配置标准，全面统筹物力、财力和人力资源，健全统一的资源配置体系。在创新学院及学科基层教学、科研组织和学术管理模式的基础上，健全强化学术权力作用的资源配置机制和工作体系，改进以行政权力为主导的资源配置工作方式，进一步保障学术治理体系在学科建设、人才培养、科学研究和社会服务等方面有效发挥作用，进一步促进学术权力运行对学校及学科的一流建设的重大事项的决策咨询和监督，根据学校及学科专业建设发展规划和目标任务，提出顶层资源配置设计方案和合理配置学校各类资源的咨询意见，对资源分配及相关项目实施过程进行全过程督导，对建设成效提出评价意见。制定资源共享平台的建设以及共建共享制度，具体来讲：一是统一建立校级层面的教学、科研实验平台，解决各学院各自为政而造成人力、物力、财力资源分散延伸而产生的重复建设和效率低下等问题，统筹调配与安排实验场所和仪器设备，提高场所和设备的使用率，杜绝重复建设和重复购置现象；二是以一级学科为建设口径，加强学科建设目标导向、对标突破和过程管理，面向创新驱动发展和区域经济社会发展需求，凝练和培育优势学科方向，推进

① 王建华．人才竞争、资源配置与理念重审：关于“双一流”建设的若干思考［J］．中国高教研究，2019（1）：16－21.

学科交叉融合，加强学科涵盖面大的学科与学院整合，促进教学与科研组织融合和资源共享，保障一流学科专业建设；三是完善共建共享管理制度，赋予学院、学科更加明确的人、财、物支配权和责任，在保障学院办学自主权和激发学科发展内在动力的同时，将共建共享纳入绩效管理考核要素，集约管理各学院、学科的大型仪器设备和实验平台等共享资源，统筹共享资源的管理人员和维护维修资金安排，解决学院、学科在共享资源管理上的后顾之忧，鼓励教师全员参与，共享各项资源并相互监督。

二、健全学科资源聚集机制

高等院校是一种资源依赖组织，“双一流”建设需要更大的资源投入。“211 工程”“985 工程”通过资源的重点投入使指定的大学获得非均衡发展。重金投入的结果将使得高等教育依赖政府的程度加大，随着依赖政府资金程度的加大，后果必然是政府外筹资的动力不足。从世界一流学科的资源获取渠道来看，通常都有较为多元的筹资方式，从而可以在一定程度上防止政府或市场力量的过度干预，保持大学和学科发展的自主性。“双一流”建设对大学的筹资能力提出了更高的要求，高校不仅要以卓越的教学和科研水平换取政府的资源支持，而且要通过与企业和社会组织的合作获取更多的资源，防止因资源获取渠道单一而在学科建设和大学发展中受制于其他人。

当前知识生产方式正在发生重要变化，表现出知识生产的情境化、集体性和跨学科协同性，知识生产的主体多元性和组织多样性，知识生产的社会责任性和杂合式的质量控制标准等特征。从“211 工程”

“985 工程”到“双一流”建设，我国重点建设的学科在资源配置上逐步开放，学科的发展越来越取决于高校的资源聚合能力，而不仅仅是资源占有能力，通过平台建设，高校和学科可以吸引到更多的人才、经费等资源，产学研的创新也从单位制、项目制发展到生态式创新阶段。同时，也要完善学校有偿服务收入分配管理制度，促进学校资源对外提供有偿服务，调动学院、学科的筹资积极性，建立多层次、全方位的筹资渠道，开源增收的同时提高资源利用率、获得大数据分析的基本素材，后续可以开展针对性的研究，更好地服务区域经济社会，争取获取更多的办学资源。

三、健全资源使用绩效管理体系，增加财政绩效拨款

近年来，教育经费的管理责任与使用效率日渐成为社会关注的焦点，部分发达国家已在高等教育资源分配体制中引入了绩效拨款政策，并以此作为财政拨款改革的重点方向。在一流学科建设经费中引入财政绩效拨款模式，是通过建立绩效指标、评价学科水平、评估目标完成度来实现的。财政绩效拨款机制的确立，为学科建设营造了一个更加公平、公正、透明、高效的资金使用环境，也为之创建了一个良性的发展环境。

高校要强化资源配置绩效管理意识，建立绩效考核与因素配置机制，结合学院绩效考核、学科绩效考核以及教学、科研平台绩效考核和项目绩效考核等体系，建立科学、合理、规范的资源配置与使用绩效管理和评价考核体系，强调共建共享、目标管理、重要因素、结果运用、奖惩兼备等要素，以目标高、任务重、绩效好、贡献大与获得

资源多成正比为导向，实行资源配置与绩效考核结果挂钩的动态调整管理模式，根据绩效考核结果对相关资源进行加大、减少或终止投入等相应调整，奖优罚劣、优胜劣汰、滚动建设。树立成本核算理念，建立资源使用成本核算、资源有偿使用机制，形成合理分担氛围。实行全方位、全过程和全员的整合性预算、绩效和成本管理，强化全面控制和约束，划分责任中心，分解目标任务，预测财力状况和分析成本效益，结合绩效管理与评价，关注预算约束及成本控制的有效性。具体来讲：一是统筹教学人力、物力、财力资源，保障一流专业人才培养质量，注重新开办专业和交叉学科专业的教学成本投入方式，打破行政组织原有的资源壁垒，整合、协调、共用各类相关资源共同建设；二是厘清学院、学科的成本管理责任，建立符合学校实际的“定编制、定岗位、定职责”人力资源核定实施办法，推行学院、学科承担聘任教师的成本制度，强化学院、学科的人力资源规划性，避免没有成本约束的抢人争指标的现象。

四、统筹教育经费的收入与支出，提高资源配置

与普通大学相比，一流大学的发展更离不开雄厚资金的支撑，这也是其持续发展的重要保障，更是一流大学建设能否取得成效的关键。一方面，2019 年 26 所一流大学公布的年度财务预决算数据显示，虽大部分一流大学决算收入高于预算收入，但是还有接近 40% 的一流大学年度决算支出超过年度收入，同时很多一流大学的年度支出仍呈两位数的增长率，这说明一流高校虽手握“重金”，但也并非“衣食无忧”。特别是近年来我国经济总体增速放缓，公共预算日趋紧缩的情

况下，一流大学更要注重经费的预算精度和使用效率。另一方面，虽公共预算经费日益收紧，但有研究表明目前公立高校的政府财政拨款占比仍大都在40%以上，即便是办学实力较强的一流大学也是如此，从某种程度上来说，这不利于激发一流大学的办学活力和自主性，因此，一流大学要提高学校的资金筹措能力、增加收入来源渠道，扩大“钱袋子”，建立“多元化投入机制”。目前因我国的现行教育体制，虽不能像西方发达国家一样，主要依靠基金投资收益或捐赠收入，但可采用弹性捐赠配比、建立校友关系和基金会等方式，逐步获取办学资金。

五、多种拨款模式相结合，完善评价指标体系

随着学科发展的日趋精细化，高校一流学科建设的拨款模式改革应当从拨款指标的改革入手，转变单一的指标参数，逐渐发展为多种参数为支撑的学科拨款指标体系。这种多元化的拨款指标参数相比单参数的拨款方式，不仅兼顾公平与效率的原则，还有着较强的操作性，无疑是一流学科建设财政拨款方式改革的重点方向。

目前我国采用的高等教育财政拨款模式，主要依据在校学生数和生均成本来确定高等教育事业费拨款，存在的主要问题是拨款依据过于简单、产出效益不受重视、实际办学成本被忽略等，原因在于这种拨款模式主要是建立在以学生数为单一影响因素的基础上的。而美国大多数州采用的公式拨款模式通过对影响财政拨款的各因素赋予不同权重，进而建立一组拨款公式来确定拨款数额，使财政拨款的公平、透明、客观与效率原则得到完善。笔者认为，建立多影响因素的高等

教育政府财政拨款公式对解决我国目前采用的拨款模式存在的问题将有很大帮助。近些年，我国一些学者已经尝试在分析影响高校成本因素的基础上建立初步的拨款公式，这些影响因素包括学生数、生师比、教师职称结构、各科类学生数的构成比例、学校建筑面积等。另外，在美国没有哪个州是完全采用一种拨款模式进行财政拨款的，政府的科研拨款主要利用合同拨款法，对学生的资助多使用间接拨款方式。我国也应当采用多种拨款模式相结合的方式，根据拨款的不同类型采用相应的拨款模式，保证财政拨款的公平性、客观性和有效性。美国在进行高等教育政府财政拨款模式改革时，强调绩效因素的作用，对我国也有很好的借鉴意义。绩效拨款属于产出拨款，根据一些产出指标（教学及学生指标、科研指标、财务及资源管理指标等）来分配资源，注重评价经费的使用效益，使高校在同一起点上进行公平竞争，因而有利于调动高校的积极性和提高经费的使用效益。然而，绩效指标体系的建立是困扰世界教育学家们的一道难题，我国想要建立完善的绩效指标体系还需要长期的探索。在使用绩效拨款模式进行财政拨款的最初阶段，可以借鉴美国些绩效指标体系建立较为完善的州（如田纳西州、肯塔基州、新泽西州等）和其他一些绩效指标体系较为成熟的国家的做法。目前，越来越多的国家意识到绩效是提高办学效益的重要因素，我国也应当尽早在拨款模式中引入绩效指标。

六、凝练学科方向，整合学科资源

学科建设的主体，可以分为高校、学科点、学科群。从学科点来讲，要从众多的学科中凝练出学科发展的方向，突出学科建设的特点，实现学科的“错位式”发展。特别是要对传统学科进行改造，培育新兴学科，根据社会发展和经济需求，确立能发挥学科自身优势和发展潜力的学科方向。另外，学科发展的无限性和资源投入的有限性的矛盾使得任何学科的建设都不可能得到无限的资源投入。因此，国家重点学科的建设要对现有的资源进行整合，对一流学科进行重点投入，加大投入力度，努力使一流学科得到充分的人力、物力、财力等方面的保障，形成自身的优势和特色。有学者认为，国家高水平大学的建设，也应通过集成各方面资源，统筹协调，使一流学科的水平显著提高，从而带动全国高等教育持续、健康、协调、快速地发展。

第二节　一流学科建设与发展逻辑

一、学科逻辑和国家需求逻辑相结合，提升一流学科建设成效

自中世纪大学诞生以来，大学逐渐由社会边缘迈向社会中心，相应地，大学职能也出现了多元化，而学科承载着大学的基本职能，是大学履行职能的着力点，因此，学科成长逻辑与大学职能演变过程密不可分。在大学承担的职能中，无论是培养人才还是开展科学研究，最终目的都是服务社会经济发展，在服务社会的过程中自然离不开政府的推动和国家意识的“捆绑”。改革开放以来，学科的成长一直遵

循学科知识构建的体系化和理论化路径，沿着知识结构发展的学科逻辑方向演进。但是随着时代的发展，国家的意志不断地注入学科成长的过程，使得学科要素持续融入现代社会无处不在的国家权力之中，国家需求逻辑应运而生，与学科逻辑协同共生以满足国家发展及经济建设对高层次人才的需求。服务国家需求不仅是学科成长的战略指引，更是培养学科人才的需求牵引。一流学科建设的根本在于培养一流人才，特别围绕国家重大战略需求来培养学科拔尖创新人才，需要更加注重提升学科建设成效的内在动力，主要包括以下两方面：一方面"以本为本"加强基础学科人才培养，探索实施"强基计划"本研贯通培养模式；重点开展"四新"建设，引领人才培养体系的全面创新；同时注重新兴、交叉和跨学科的横向融通，大力培养复合型拔尖人才。另一方面，以国家战略需求为导向分类培养研究生，以满足创新型国家建设对学术型和应用型高层次人才的需求；加大高科技领域应用型研究生的培养，以提升关键核心技术创新能力。

二、分类评价与增值评价相结合，探索一流学科成长规律

学科评价是评判一流学科建设水平的基本工具，具有一定的导向性功能。开展以学科为基础的分类评价是鼓励高校集中力量办好一流学科的前提，也是开展一流学科建设成效评价的必要条件。根据我国一流学科建设的目标及重点，考虑从三个方面开展分类评价：一是分类呈现一流学科评价结果。为满足不同类型的学科服务国家战略、高校和社会发展的需要，分类呈现学科评价的排序结果，这也是目前国外学科排行榜的通用做法；二是分类评价来源不同的一流学科。"双

一流”建设的465个上榜学科分别参照了我国一级学科评估排名、国际ESI排名和QS排名结果，不同的学科来源导致了国内外不同评估体系之间出现学科匹配和对应关系问题，因此一流学科的建设成效要根据不同的学科来源采用不同的标准进行评价，以回应一流学科分类的中国标准与国际标准不对应的问题；三是构建“双一流”高校分类评价体系。探索建立以学科为基础的“双一流”高校分类评价体系，从而更有效地引导“双一流”高校错位发展，办出特色。

在实施以学科为基础的分类评价过程中，学界越来越意识到学科评价指标选取仅停留在某个节点而不是时间段的局限性，这会使评价结果出现导向偏差，有可能抹杀一所高校长期积累的学科优势。因此，为达到以评促建的目的，一流学科在分类评价的同时要引入学科增值评价指标，通过对一流学科成长规律和成长程度的分析，有效地引导对一流学科的评价从单纯注重结果到关注学科成长全过程。教育部第五轮学科评估指标体系中部分指标由定量转为定性，这也为实施增值评价留下了一定空间。通过学科分类评价与增值评价相结合，不仅可以促进多样化的一流学科评价体系协同发展，还可以探索一流学科的成长规律。

三、从学科管理走向学科治理，重塑一流学科成长环境

从推进国家治理体系和治理能力现代化到《实现教育现代化》，是“治理”在不同领域和不同阶段实现现代化的层层推进。学科作为高等教育职能实现的主要载体，学科治理现代化与高等教育治理现代化具有内在一致性。特别是随着一流学科建设的持续推进，“学科治

理”取代“学科管理”成为必然，并将重塑一流学科的成长环境。从“管理”到“治理”不仅是一流学科管理制度的“升级版”，更重要的是对一流学科建设路径桎梏的“解锁”，即突破政府“一元”主体地位转向“多元”主体共治、扭转高校权力运行的“单向控制”为“双向互动”、改变管理方式“被动”为“主动”。可着重从以下三个方面进行思考与优化。

首先，树立学科治理共同体理念，形成多方治理格局。一流学科的建设需要政府、高校和社会各利益主体转变传统学科管理思维为协同共治，构建国家意识引领、社会共识凝聚的新发展理念，真正形成从自治到管治再到共治之格局。

其次，构建共同治理的学科制度，打通“上”“下”渠道。制度是学科治理能力提升的重要依托，共同治理下的学科制度创新不仅有益于学科及学科群形成特色优势，还有助于提高学科核心竞争力，这也是美国高校成就世界一流学科的关键所在。因此，在我国一流学科的建设过程中，要加大各利益主体参与一流学科建设的深度和广度，形成由政府力推、高校主导、社会力量积极参与的“自上而下”的学科治理推进体制，以及依靠大数据、人工智能等高新技术提供的第三方评估和设立常态化的建设监测体系的“自下而上”的自发组织体制，打通“上”“下”渠道，有效促进一流学科的制度建设。

最后，完善学科动态调整与退出机制，打破固化身份。在一流学科成长的过程中，身份固化是学科管理形成路径依赖的重要原因，从而打乱了一流学科成长的节奏，不利于一流学科内涵建设。因此，作为一流学科治理的重要内容，完善与落实“进出有序”的动态竞争机制，打破一流学科仅是重点学科换“标签”的固化身份，进一步优化一流学科的成长环境。

第三节　一流学科建设与高校质量发展

一、从一流学科建设单一维度突破向多维度全方位突破转变

目前，有的大学仍然用以往的重点大学建设思维看待“双一流”建设，将一流学科建设主要看成一流的科学研究，这在很大程度上是受各类国际国内有影响力的大学与学科排行榜的影响。在这些排行榜中，科研类指标往往占有很大的权重。为此，包括财经高校在内的各类高校大多以发表多少篇国内外顶尖学术期刊论文、拥有多少国家级重大重点项目、拥有多少位高被引学者和是否进入 ESI 全球排名前 1% 行列等为荣，并在政策等方面大力支持。事实上，仅有科研的一流，只是单一维度的一流，在新时代“双一流”建设背景下，一流高校要深刻理解学科建设的丰富内涵，并以更大的格局和更长远的眼光根据学科水平、办学特色等因素实施差别化的资金支持。

二、从一流学科建设向一流学科群建设转变

当今世界，学科前沿的重大突破和重大创新成果，大多是多学科交叉、融合和汇聚的结果。“双一流”建设背景下的创新型和复合型人才培养，也迫切需要实施跨学科教育。此外，从“双一流”建设的

需要来看，学科群建设是必由之路，因为单靠一两个学科领域的单兵作战是很难建设一流学科的，为此，必须进一步提升对学科群建设意义和价值的认识，并在学科建设思路上加快实现从一流学科建设向一流学科群建设转变，尤其是要通过深入探索并构建科学有效的学科群建设与管理机制，着力破除学科之间的观念壁垒、组织壁垒和制度壁垒，促进学科资源的整合与优化，营造交叉融合、协同创新的学科生态，产出一批有影响力的跨学科研究成果，提升跨学科人才培养的能力和水平，推动学科群建设整体水平的提升，并有效引领带动其他学科发展和学校综合实力的提升。

三、从一流学科建设“各自为战”向“协同作战”转变

针对学科建设存在的“碎片化”现象，多学科建设组织模式弊端、体制机制障碍等问题，一流大学应牢固树立协同发展全局理念，加快从一流学科建设“各自为战”向“协同作战”转变。要加强对一流学科建设的顶层设计，通过成立学校层面的教育综合改革委员会、“双一流”建设领导小组或学科建设领导小组等议事协调机构，全面统领和统筹协调一流学科建设。要探索建立跨学院的一级学科建设协调机构，强化对一级学科建设与管理工作的组织和协调。要加快构建一流学科建设的跨部门协同推进机制，各职能部门要以一流学科建设为导向来制定师资队伍建设、科学研究、人才培养、人事、财务等各个领域的相关政策和制度，从而增强政策的一致性和协同性。

四、统筹一流学科的传承与创新，提速内涵发展

一流学科的发展是具有周期性的，不能“一蹴而就”甚至是“拔苗助长”，要从政策的梳理中找准突破口，从自身的文化传承和创新中寻求发展脉络。随着学科精细化的发展，一方面，学科评价需从可量化的指标分析转移到体现精神积淀的文化传承上。2020 年，三部委联合印发了《“双一流”建设成效评价办法（试行）》，将学科建设成效评价引入“增值”和“分类”评价，同时明确提出“破五唯”的要求，为学科建设的多元多维评价指明了方向。特别是在我国学科属性差异明显的情况下，一流学科的建设成效不仅要考虑显性的评价指标，更要注重隐性指标，这就是学科文化。纵观世界一流学科的发展，其成长和壮大都是与其所在高校的学科文化传统密不可分，在时间发展的长河中，学科文化的积淀和创新必将成为一所大学最坚不可摧的一部分。另一方面，随着互联网、大数据等技术的不断革新，学科的发展需要结合时代的特点进行创新，通过“学科 +”新模式，创新供需对接方式，将当前高科技与学科理论、实践深度结合，以加速培育经济发展新动能，如从一流学科入选频次最高的学科来看，材料科学与工程无疑会成为新能源、人工智能领域的“宠儿”。以文化育学科成长，以创新促学科发展，这不仅有利于凝聚学科精神内核，亦有利于提高学科的内涵质量。

五、加快制度建设，形成政策支持

制度是教育事业可持续发展的根本保障，是高校正常高效运行的

重要依据，是管理工作的坚实基础。国家教育主管部门要结合我国一流学科的发展状况，制定完善的一流学科的管理制度，使各高校“有法可依”；各高校要根据自身实际和办学基础，制定出一流学科建设的管理办法，以保证一流学科有序、高效发展。另外，国家、地方、高校要为重点学科的建设和发展提供良好的政策环境。国家重点学科的建设是一个复杂的长期过程，它是一个纵横交错、内外交融、众多元素相互影响的一个多维体系，涉及学科方向、科学研究、实验条件、学术队伍、科研平台等诸多的因素和方面，国家、地方和各高校应在这些方面给予政策体系支持，避免学科建设的“政策性障碍”。如在科研方面，加强基础研究，重视应用研究的政策引导；在队伍建设方面，着力于优秀人才的国外引进和国内培养，为他们提供发展所需的良好外部环境等。同时要进一步改进现有的高等教育经费拨付机制。政府的责任主要是制定科学、公开的事前的拨款标准，具体的拨付过程和绩效评价应该由社会第三方主体来承担，这样可以在一定程度上减少协商拨款机制过程中的利益纠缠。

六、完善学科体系，促进和谐发展

学科建设是一个整体性的系统工程，12 大学科门类之间相互制约、相互促进、密切联系。人文社会科学学科的薄弱发展，势必影响理工类学科的长远发展。人文社会科学在通识教育和人才培养中，能够扩大学生的学科视野，引发他们对人格完善的追求，进而构建文理工农相融后的新型品质。如今，我国人文社会科学学科发展较落后，各高校要根据实力和自身条件，加强人文社会科学与各学科之间的沟通交流，加大学科群的弹性力度，在知识向综合性、边缘性、交叉化发展中起到平衡作用。对于地方一般农林院校而言，应在发展少量“纯文科”的同时，积极打造与现有学科优势相结合的应用文科品牌，使其在为地方经济社会发展服务中不断得到发展。同时，政府也需要采取特殊的弹性政策给予支持，在确定国家重点学科建设方面，政府应在评选标准、评选份额、分布数量等方面给予优惠政策的扶持和行动上的支持，统筹规划，以促进一流学科的和谐发展。另外，我们还要认真研究，使各学科门类之间和谐分布，同时控制学科总量，平衡学科布局，突出学科重点。

七、创新管理机制

把入选国家和省级一流建设学科作为改革试点，创新科研项目经费管理、人才及资源配置管理机制，在人、财、物等方面向重点建设学科倾斜。适应学科发展需求，最大限度地减少行政对学术的干预。支持立项建设学科探索建立人才团队、科研项目、基地平台、成果转化一体化协同发展机制，完善科教协同育人，努力将科技资源优势转化为经济社会发展和人才培养优势，推动学科建设水平整体提升。以创新为导向，优化学术环境，支持立项建设学科加强知识产权保护，抵制学术不端行为，形成坚守学术诚信、完善学术人格、遵守学术规范、维护学术尊严、正确行使学术权力、履行社会责任的良好学风。同时，适度增加入选建设学科研究生招生计划，优先支持立项建设学科增设博士学位授权点，增强拔尖创新人才培养能力，促进学科优势转化为人才培养优势。扩大入选建设学科在人才引进、资源配置等方面的自主权，激发学科发展的内生动力，形成一流学科建设的用人新机制。

八、合理布局学科，发展重点学科

英国高校科研评估以学科为基础，通过科研评估反哺学科发展。在科研评估的“卓越创新”的价值导向下，英国大学学科发展根据高校自身的利益需求，调整学科组织，根据大学自身发展的需求，发展重点学科，使大学自身的利益最大化。例如，英国三所一流大学（纽卡斯大学、华威大学、曼彻斯特大学），通过科研评估及评估反馈，调整学科布局，着重发展自身的优势学科，在科研评估中选择优势学科的优秀全职教师提交参与评估，而并非所有全职教师都参与评估。同时，以学科为基础与科研评估结果挂钩的科研拨款也为学科发展提供更多的支持。英国纽卡斯大学在合理布局学科的同时，还制定重点学科发展战略、创建世界一流学科，如英语语言与文学学院将儿童文学和文学创作两个学科确定为创建世界一流学科的战略重点。

当前，相当一部分高校追求大而全、追求高层次兴办所有学科尤其是所谓的“热门学科”，大量的重复投入和建设，不但造成了资源的“无效”利用，而且影响了人才的整体培养质量，造成结构性失业等问题。另外，受经济发展水平的影响，经济越不发达的地区一流学科的数量越少，越不利于学校整体水平的提升，并由此带来一些其他方面的深层次问题。长此以往，不利于高等教育在地区间的和谐均衡发展。因此，在学校层面上，应对学科建设进行整体规划，建立合理的布局结构，突出重点，辐射一般。在深化高等教育改革的过程中，扩大学科交流的范围与途径，保持学科群的优势，突出自身的特色学科群，并不断提高其学术地位和水平。在省区层面上，进行统筹规划，合理安排，优化学科结构。建立学科发展的梯次布局，避免重复投入、重复建设，确保资源的有效配置和合理利用。在国家层面，国家应在经济欠发达地区或者一些实力较弱的非重点高校，开辟国家一流学科建设“特区”，在政策、人力、物力、财力等方面给予更多扶持和优惠待遇。

“双一流”背景下，大学特别是研究型大学发展一流学科要在坚持国家教育发展方针政策的基础上，根据高校自身发展特色与现有条件合理调整学科发展结构，优化学科发展战略，立足自身优势发展重点学科，努力实现“建设一流学科”目标。